いちばんわかりやすい
ソーイングの基礎BOOK

栗田佐穂子

成美堂出版

content

Let's enjoy Sewing

Part.1 | Basic Sewing

ソーイングの基礎と用具 / The foundation and the tools

- 5 ソーイングに必要な用具
- 12 布地と糸、針の関係
- 14 布地について
- 16 地直しについて
- 18 接着芯について
- 20 基礎縫い：ミシン縫い
- 22 基礎縫い：手縫い
- 24 縫いしろ、折りしろ の始末
- 26 アイロンのかけ方
- 28 バイアステープ
- 30 立体的にする方法

型紙に関すること / It is related with a paper pattern

- 33 採寸
- 34 型紙の各部分名称
- 36 型紙の写し方と補正
- 40 型紙の置き方
- 42 柄合わせ
- 43 裁断と印付け

ボタンなど付属品の付け方 / How to attach accessories

- 45 ボタン付け
- 46 くるみボタン、飾りボタンetc
- 48 ボタンホール
- 50 スナップ、ホック
- 52 かんぬき止めとループ
- 54 ファスナーの付け方

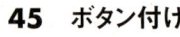

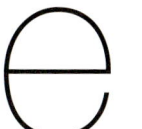

Part.2 | Partial Sewing

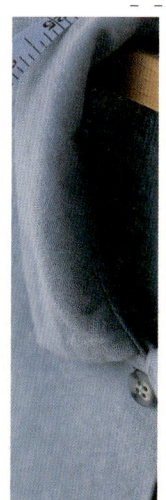

Collar 衿
- 57 衿付けのポイント
- 58 ラウンドネック
- 60 ショールカラー
- 62 テーラーカラー
- 64 スタンドカラー

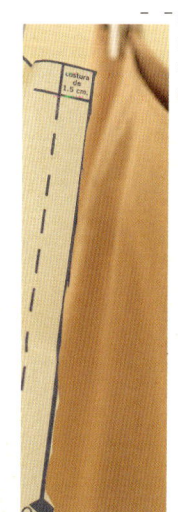

Waist ウエスト
- 77 ウエストのポイント
- 78 ゴムウエスト
- 80 芯入りベルト付きウエスト
- 82 ノーベルトウエスト
- 84 スリットとベンツ

Sleeve 袖
- 67 袖付けのポイント
- 68 ノースリーブ
- 70 セットインスリーブ
- 72 シャツスリーブ
- 74 袖口のあきとカフス付け

Pocket ポケット
- 87 ポケット付けのポイント
- 88 パッチポケット
- 90 シームポケット

92 INDEX

*この本に関するお問い合わせは
E&Gクリエイツまでおねがい致します。
℡0422-55-5460
受付／13:00〜17:00（土日祝はお休みです）

Part.1 | Basic Sewing

The ソーイングの foundation 基礎と用具 and the tools

用具の使い方、布地の種類と特徴、
「ちょっと難しいかな？」と思うことも多い"地直し"のことや
ミシン、手縫いの基礎など、作り始める前に、
ぜひ知っておきたい"ソーイングの用具と基礎"を紹介します。
あなたが"…？"と疑問を持ってしまい"面倒くさい！"と投げ出してしまわないよう、
イラスト付きで詳しく解説しました。
基礎が少しでも分かると、ホームソーイングがもっと楽しくなることでしょう。

ソーイングに必要な用具

ホームソーイングをするのに欠かすことのできない用具と、あると便利なものを、採寸や製図・印付け・縫製と作業別に分けました。用途を知った上で揃えましょう。

名称の後ろに付いた*マークの商品についてのお問い合わせは、P.96を参照して下さい。

採寸・製図・裁断に必要なもの

直角や曲線定規、裁ちばさみは必ずソーイング専用のものを。

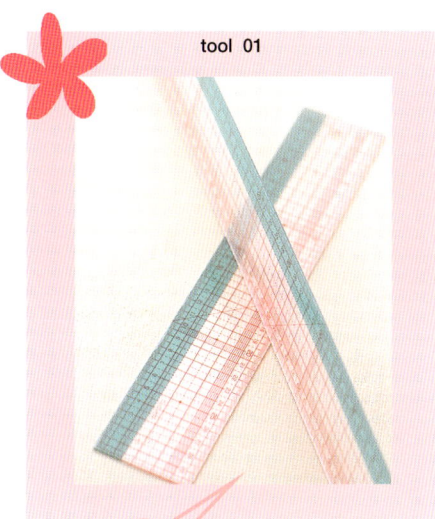

tool 01

方眼定規*
ソーイングに欠かせない方眼定規。縫いしろをつけるとき、きれいに平行線が引けます。濃い色の布の上でも目盛りが見やすいのでおすすめ。

tool 02

曲線用定規*
実物大のカーブを測ったり、おおよその曲線を描くのに適した定規。

tool 03

L定規
角を利用して直角線を引く場合などに使用。スカートの裾線を引くときなどにも便利。

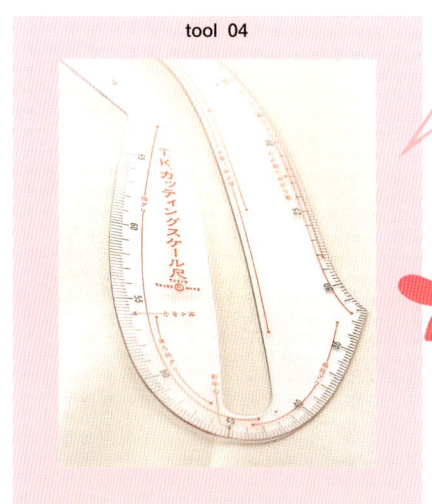

tool 04

カッティングスケール
衿ぐり、袖ぐり、脇線などの製図に便利な多用途の曲線定規。

tool 05

メジャー*
採寸やカーブ線の長さを測るときに使用。ガラス繊維を使用した、伸縮の少ない正確で測りやすいメジャーを使用しましょう。

Part.1 Basic Sewing

Let's enjoy Sewing
The foundation

tool 06

裁ちばさみ*：紙切りばさみ*
型紙や製図用紙を切るのに適したはさみ。裁ちばさみは布を切るときに必要です。裁ちばさみで紙を切ると、布が切りにくくなるので注意。

糸切りばさみ*：小ばさみ*
糸を切るときなどに使用。切れ味がよく、使いやすいものがおすすめ。小ばさみは刃の先が鋭く、細かいカットワークに最適。

tool 07

tool 08

ピンキングばさみ*
ギザギザの形にカットできるはさみ。布のほつれを防ぎます。縫いしろの始末などで使用。

カッティングマット*
ロータリーカッターなどで布を切るときに便利な下敷き。

tool 09

tool 10

ロータリーカッター*
刃が回転するカッター。切り口がきれいで、スピーディーに布を切ることができます。

ハトロン紙
実物大型紙などを写しとる時に使用する薄い紙。トレーシングペーパーでも代用できます。

tool 11

Part.1 Basic Sewing

and the tools

印付けに必要なもの

水で消えるタイプのペンや片面、両面のペーパーなどは用途に合わせて選びます。

tool 01

チャコペン* : チャコマーカー*
布に型紙を書き写したり、印を付けるときに使用します。
水や消しペンで、書いた線がすばやく消せるマーカータイプのものなど種類も豊富。

tool 02

チャコ*
チョーク形のチャコは布に直接書いて使用します。ペーパータイプは、型紙と布地の間または、布と布の間にはさみ、ルレットを使って布に転写します。

tool 03

ルレット*
ペーパータイプのチャコを使い布に型紙を写すときに使います。歯先の尖ったハード、丸いソフト、縫いしろも同時に付けられるダブルルレットがあります。

tool 04

重し(裁ちん)
布や型紙が動かないようにするためのもの。

tool 05

へら*
絹や裏地、木綿の印付けに使用。

Let's enjoy Sewing

The foundation

縫製に必要なもの

ミシン縫い、手縫いによって使用する糸や針が違います。

tool 01

ミシン*
値段、機能によってミシンの種類はさまざま。直線縫い、ジグザグ縫い、ボタンホールができれば、ホームソーイングは楽しめます。取り扱い説明書をよく読んで、自分のミシンの特徴、機能を知りましょう。

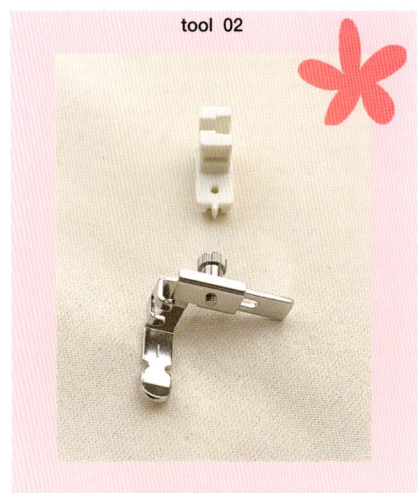

tool 02

**外付けコンシール
ファスナー押さえ**
ミシンでコンシールファスナーを縫うときに使用。

ファスナー押さえ
ファスナー付けがきれいにできます。

tool 03

ミシン針*
生地の厚さや伸縮の有無に合った号数の針を使いましょう(P.12参照)。

tool 04

ミシン糸*
生地の厚さや材質に適した太さの糸を選びましょう(P.12参照)。

tool 05

手縫い針*
ソーイングによく使う縫い針。さまざまな太さの針がセットになっているものを持っておくと便利(P.12参照)。

and the tools

糸通し*
スレダーといい、針に糸をスムーズに通すことができます。

tool 06

手縫い糸*
生地によって太さや材質を合わせて選びましょう（P.12参照）。

tool 07

指ぬき*
手縫いをするときに中指にはめて針を持ちます。針が通りにくい布も、針を押し上げながら楽に縫うことができます。

tool 08

tool 09

ピンクッション*：待ち針*
手首にはめられるタイプのリストピンクッションがあると便利。ミシンを使うときやピンワークに役立ちます。待ち針はステンレス製のさびにくいものを。

tool 10

しつけ糸*
しつけや、糸印に使います。白の他に、ブルー、赤などの色しつけ糸があると便利。

tool 11

リッパー*：目打*
リッパーはボタンホールの穴をあけるとき、縫い目の糸を切るときに使用します。目打は角を整えたり、糸をほどいたり、ミシン縫いの細かい作業にも役立つ道具です。

Part.1 Basic Sewing

The foundation

Let's enjoy Sewing

仕上げに必要なもの

アイロンをこまめにかけながら縫製していくことがきれいに仕上げるコツ。

tool 01

アイロン：霧吹き

こまめにアイロンをかけて作業することが多いので、使いやすいものを選んで。家庭用のスチーム機能が付いたものがあればよいでしょう。
霧吹きは、細かい霧が均一に出るものがおすすめ。水滴がボタボタと落ちるものは避けます。

tool 02

アイロン台

布地を平らにアイロンがけするときに使用。地の目をしっかりと整えた"チェックの織り布"を用意し、アイロン台にくるんで画鋲で止めると"方眼アイロン台"となり直線や直角などに合わせられて便利。

tool 03

仕上げ馬

脚の付いた細長い仕上げ用のアイロン台。筒状のスカートなどに、アイロン台を浮かせて差し込める形なので、下側をつぶすことなくアイロンがかけられます。

tool 04

プレスボール：袖まんじゅう

ダーツや腰まわりなど、カーブのあるところを"立体的にアイロンがけするとき"に使用します。この形から"まんじゅう"とも呼びます。
袖まんじゅうは、袖の形をしたプレスボール。袖部分に入れ、形を整えながらアイロンをかけます。

and the tools

あると便利なもの

面倒な手間が省けるものや、便利なグッズです。

tool 01

ゴム通し*：幅広ゴム通し*
スピーディーにゴムやひもが通せます。幅の広いゴムやひもの場合は"幅広ゴム通し"が便利。

tool 02

アイロンクリーナー
アイロンの底に付いてしまった接着芯の"のり"や"焦げ付き"を無理なく落とし、アイロンの滑りをよくします。

tool 03

両面テープ*
ミシンがけや本縫いの前の仮止めに。しつけ糸のかわりとして利用できます。アイロンで接着できるタイプと裏面のテープをはがして貼る両面テープタイプがあります。

tool 04

ほつれストップ液*
液を付けるだけで、布のほつれを止めます。切り込みを入れた箇所やほつれやすいところなどに使用しましょう。

tool 05

ファスナップ*
スナップ付きのテープ。端をミシンで縫って生地に付けます。子供服、シニア向けの服に向いています。

Let's enjoy Sewing

The foundation

布地と糸、針の関係

きれいで丈夫な縫い目は、ソーイングをする上でとても重要。ミシン縫い、手縫いの両方に必要な布・針・糸の"それぞれにベストな関係"と、"布地の種類"を知っておきましょう。

ミシンのときは

ミシン専用の針と糸を使います。

memo — 番号と布地
ミシン針は"番号の数字が小さくなると薄地用"、糸はその逆。番号が大きくなるにつれて細く、薄地用になります。

布／薄地
糸・90番
針・9番

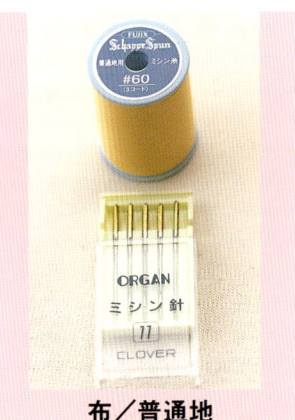
布／普通地
糸・60番
針・11番

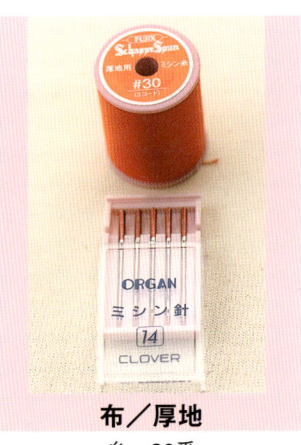
布／厚地
糸・30番
針・14番

布／ニットなどの伸縮素材
糸・ニット用
針・ニット用

手縫いのときは

洋裁で使う針は一般的に"メリケン針"と呼ばれます。

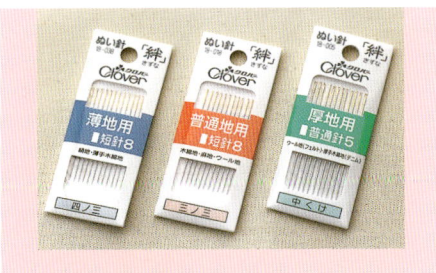
布地に合わせて"薄地用～厚地用"を選びます。

"手縫い用の糸"を使用しましょう。その他、ボタン付け糸や、手縫いでボタンホールを作るときに使う、穴糸などがあります。

memo
手縫い糸とミシン糸の違い
糸には"より"がかかっています。ミシン糸と手縫い糸の違いは、この"よりの方向"。ミシン糸は"左"に、手縫い糸は"右"に"より"がかかっています。
縫いしろや折りしろの始末をするとき、手縫いならば必ず専用の糸を。ミシン糸を手縫いで使うと、縫い進めているうちに糸がよじれてしまいます。

Part.1 Basic Sewing

and the tools

布地の種類

布は素材や厚さでいろいろな種類に分けられます。

素材 綿	綿など	ウール・シルク・化学繊維など	ニット系
ガーゼ	ワッフル（写真a）	オーガンジー（写真a）	トリコット
ローン（写真a）	別珍（写真b）	シフォン	ジャージ（写真a・b）
ボイル	コーデュロイ（写真c）	ジョーゼット（写真b）	スエット（写真c）
ギンガム（写真b）	デニム（写真d）	タフタ	リブ
ブロード（写真c）	キルティング（写真e）	サテン	フリース（写真d）
シーチング（写真d）		ギャバジン	
サッカー（写真e）		フラノ（写真c）	
ピケ（写真f）		ツイード（写真d）	
		ベルベット（写真e）	

Part.1 Basic Sewing

The foundation

布地について

布地は織り方編み方、材質、布幅、仕上加工されたものなどに分類され、それぞれに特徴があります。使用目的に合わせて選びましょう。

布地のなりたち

布地にはたて糸とよこ糸が織られてできている織物地と、1本の糸で編まれてできている編物地と不織布があります。

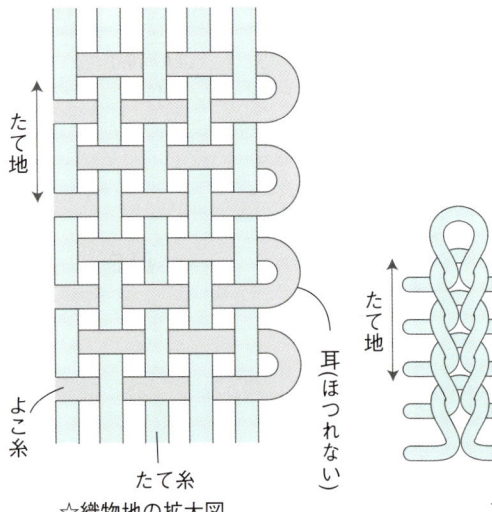

☆織物地の拡大図（平織り）　　☆編物地の拡大図（平編み）

たて地とよこ地の特徴

布地が織られる場合のたて糸の方向を"たて地"、また"布目"や"地の目"ともいいます。ストレッチ素材は別としますが、"たて地"は伸びにくい性質があります。

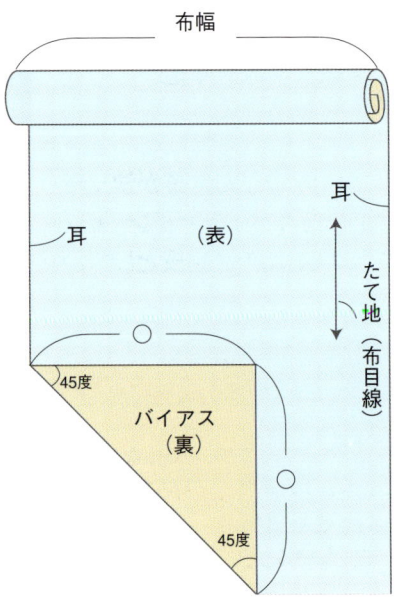

memo

たて地
製図や型紙に書かれている↔・↕の矢印はたて地の方向を示します。型紙の矢印はたて地に合わせること。

よこ地
布が織られている場合のよこ糸の方向のこと。ストレッチ素材は別ですが、たて地よりも"伸びやすい"性質があります。

耳
布地が織られた方向の両端のことを"耳"と呼びます。少し固くなっていたり、色が濃かったり、またメーカー名がプリントされていることも。"得に密に織られていてほつれにくい"性質があります。

バイアス
"バイアス"とは斜の意味。たて地に対して45度の角度を"正バイアス"といいます。伸びやすいのが特徴でバイアステープを作ってふちどり始末などに使用します。

and the tools

布地の幅

ホームソーイング向きに市販されている布地の一般的な幅です。

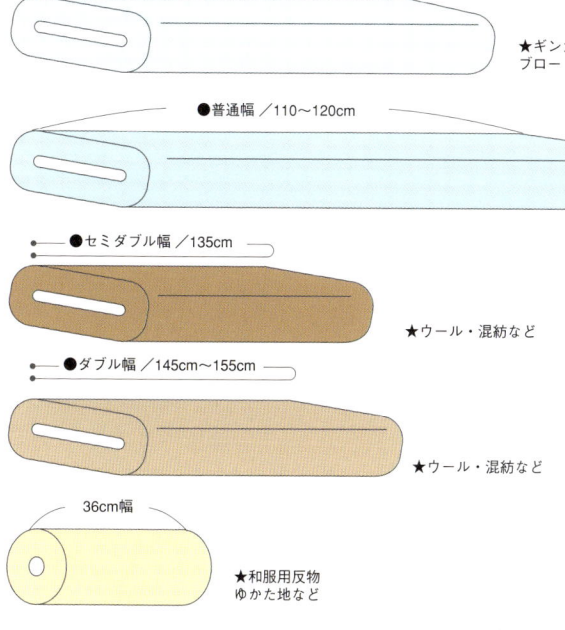

- ●シングル幅／90〜92cm
  - ★ギンガム ブロードなどの綿やシルク
- ●普通幅／110〜120cm
  - ★綿プリント 化学繊維など
- ●セミダブル幅／135cm
  - ★ウール・混紡など
- ●ダブル幅／145cm〜155cm
  - ★ウール・混紡など
- 36cm幅
  - ★和服用反物 ゆかた地など

memo

"幅によって使用量(購入時の用尺)"が違ってきます。購入時に間違えないよう、よく確かめましょう。

NG例

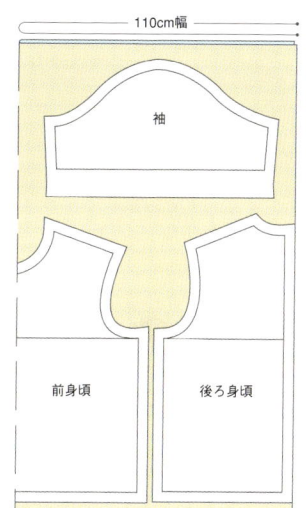

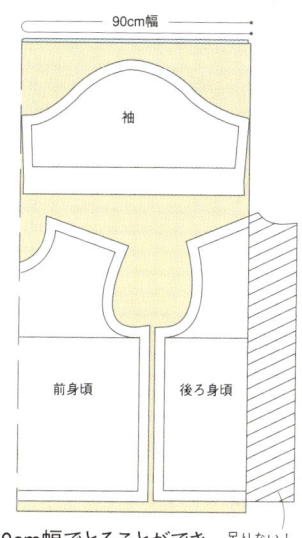

110cm幅でとることができても、90cm幅だと斜線部分の布が足りないことに。 足りない!

使用量の見積もり方

スカート	90cm幅	スカート丈×2＋20cm
	110cm幅	スカート丈×2＋20cm
	150cm幅	スカート丈＋10cm
ブラウス	90cm幅	ブラウス丈×2＋袖丈×2＋30cm
	110cm幅	ブラウス丈×2＋袖丈＋30cm
	150cm幅	ブラウス丈×2＋20cm
ワンピース	90cm幅	(身頃丈＋スカート丈＋袖丈)×2＋30cm
	110cm幅	(身頃丈＋スカート丈)×2＋袖丈＋30cm
	150cm幅	身頃丈＋スカート丈＋袖丈＋20cm
パンツ	90cm幅	パンツ丈×2＋20cm
	110cm幅	パンツ丈×2＋20cm
	150cm幅	パンツ丈＋15cm

自分の使いたい布の幅と作りたい布が決まったら、使用量の見積もりをします。デザイン・体型によって変わりますが、おおよその目安として参考にして下さい。

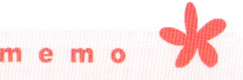

memo

コーデュロイやベルベットなど、毛並みや、柄に方向性のある布は一方方向に裁つので(P.40参照)、使用量を見積もるときに注意が必要です。

The foundation

地直しについて

地直しは"地のし"とも呼ばれ、布地を織る途中でおこる布の歪みや、収縮する布地を裁断前に直しておくことをいいます。

地の目の通し方と地直し

布地は、たて糸とよこ糸が直角に正しく交わっていない場合があるので正しく直します。これを"地の目を通す"といいます。地の目を通してから、地直しをしましょう。

memo — 地直しは必ず必要？

地直しをせずに洋服を仕立て、洗濯をしたら…。"サイズが小さくなった！"、"シルエットが崩れてしまった！"といったトラブルが起こることがあります。上等な布できちんと作りたいなら、面倒でも地直しをした方がよいでしょう。ただ、ゆったりしたデザインのものや、パジャマを作るなら"地直しなしでもOK"。

地の目を通す

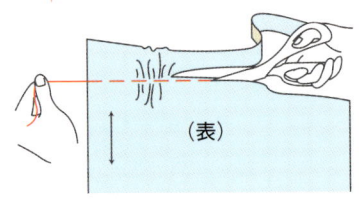

よこ地方向の糸を1本引き抜き、引き抜いた線に合わせて布を切る。

木綿・麻の地直し

1 耳がつれている場合は、耳のみに切り込みを"斜め"に入れる。横に切り込みを入れないように注意！（5番のNG例参照）。

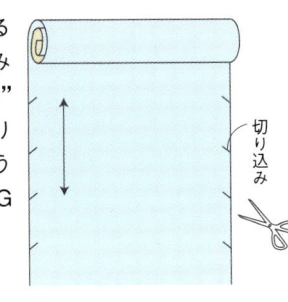

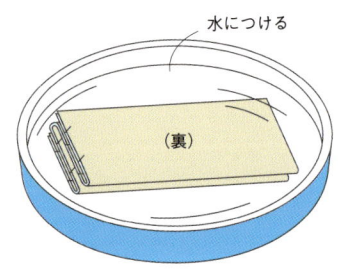

2 1時間くらい水の中につけ、たたんだ内側まで充分に水を含ませる。プリント地は、布地の端に水をつけ、色のにじみがないか確かめてから水の中につけること。

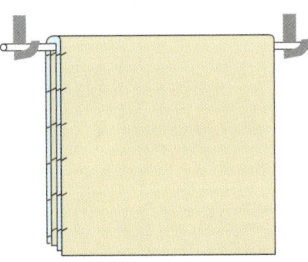

3 布地を中表にして"しわ"を伸ばし、生乾き状態になるまで干す。必ず"かげ干し"すること。"しわ"が残るので、脱水機や手で絞ることは避けましょう。

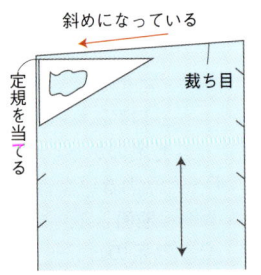

4 布地を平らなところに置く。三角定規やL定規などを当て、どちらの方向に歪んでいるか確かめる。

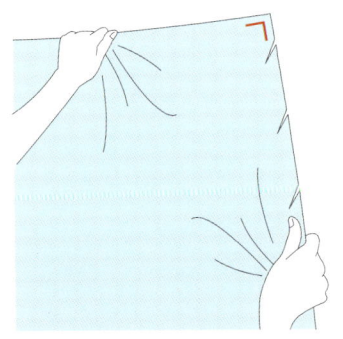

5 布地を引っ張りながら、裁ち目が直角になるように少しずつ伸ばす。歪みがひどい場合は、アイロンをかけながら直す。

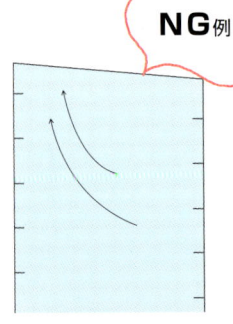

NG例 耳の切り込みを横に入れると、引っ張ったときに布地が裂けることがあります。

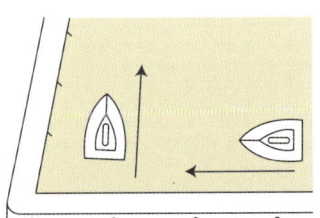

6 布地の裏側からアイロンをかけ、"しわ"や"折り目"を消す。たて地、よこ地にそって地の目を正しながらアイロンをかける。斜めにかけないよう注意すること！

Part.1 Basic Sewing

and the tools

ウールの地直し

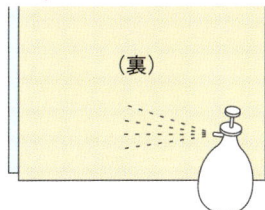

1 布地を中表に合わせて折り、裏側から布地全体にムラなく霧をかけて湿らせる。

2 湿気が布地全体になじむまで、軽くたたんでビニールなどに30分～1時間ぐらい入れておく。

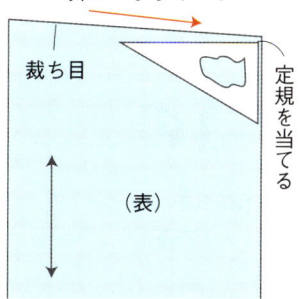

3 布地を平らなところに置き、三角定規やL定規などを当て、どちらの方向に歪んでいるか確かめる。

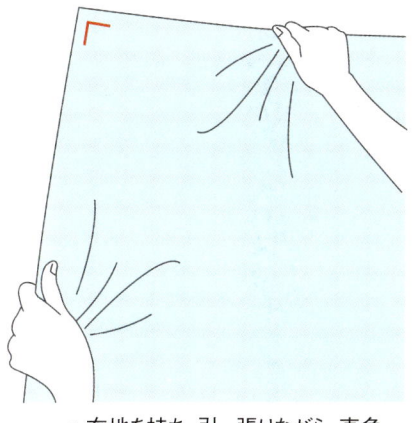

4 布地を持ち、引っ張りながら、直角になるように少しずつ伸ばす。歪みがひどい場合は、アイロンをかけながら直す。

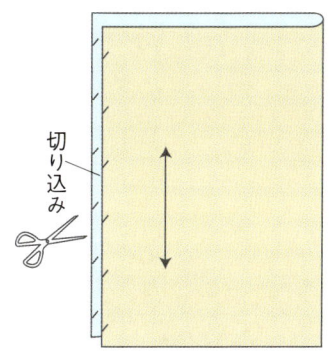

5 耳がつれて地直しがしにくい場合は、耳のみに斜めに切り込みを入れる。

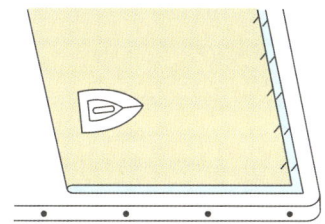

6 布地を2つに折って裏側からスチームアイロンをかけ、"しわ"や"折り目"を消す。もう一方の裏側から同様にアイロンをかける。

化学繊維の地直し

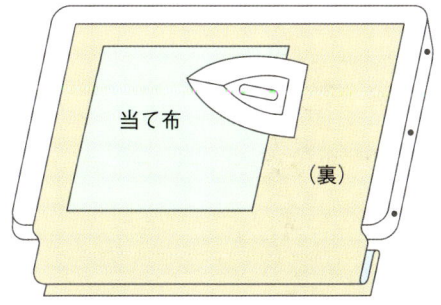

化学繊維は"水につけても縮まない"ものが多く、熱に弱い。特に熱に弱い布や、アイロンで"てかり"がでてしまう場合は当て布の上からアイロンをかける。

毛足のあるものの地直し

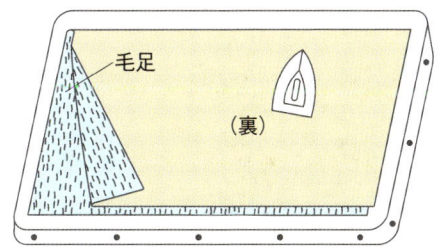

布地を中表に合わせ、毛並み（表地の毛の並び）にそって折り目を消す程度、軽くアイロンをかける。

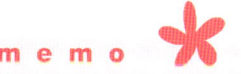

memo

ベルベット、ベロア、コーデュロイなどの毛足のある布地は、毛足がつぶれないように注意しながら地直しをしましょう。また、毛足のある布地は水がつくと毛が寝てしまい、光沢も失われるので気を付けること。

17　Part.1 Basic Sewing

The foundation

接着芯について

接着芯とは、裏側に接着剤が付いている薄い芯地のこと。アイロンで熱を加えることで布に貼り付きます。

接着芯を使う目的

目的によって、選ぶ芯もいろいろ。使うときには、用途に合わせたものを選びましょう。

1. 表地に張りをもたせ、きれいなシルエットを作る。
2. 伸びやすい部分や素材の伸びを押さえる。
3. 部分的に硬さや厚さを増し、シルエットを補強する。
4. 洗濯などによる型くずれを防ぐ。

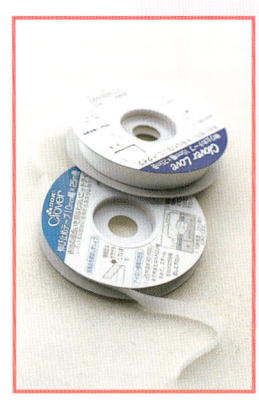

memo

接着芯は"必ず貼らなければならない!"ということはありません。貼っていなくても洋服は着られます。難しそうならパスしてもOK! でも、ファスナー部分や、ポケット口などだけでも貼っておくと型くずれを防ぎます。

伸び止めテープ*
衿ぐりや袖ぐり、ポケットのあきやファスナーのあきなど"伸びやすい所"に貼るテープも接着芯のひとつ。形を保ち、補強にも。

接着芯の役割

接着芯を選ぶときは"種類"、"接着のタイプ"が合うものを選びましょう。

種類

織物タイプ…保湿性に優れ、表布とよくなじむ。表布の伸びを止め、バイアスに動きます。

編物タイプ…伸縮性があり、風合いがよいのが特徴。よこ方向には張りやこしがあります。

不織布タイプ…軽くてしわになりにくく、通気性があります。保形性に優れ、洗濯しても縮みません。

接着のタイプ

完全接着タイプ…接着力が強く、ドライクリーニングにも強い。洋服のシルエットを保つために、広範囲に使われます。

仮接着タイプ…接着力が弱く、洗濯をしたときに剥がれることもあるので、シルエット作りには不向き。布地を安定させて縫いやすくしたり、一時的に接着させるのに適しています。

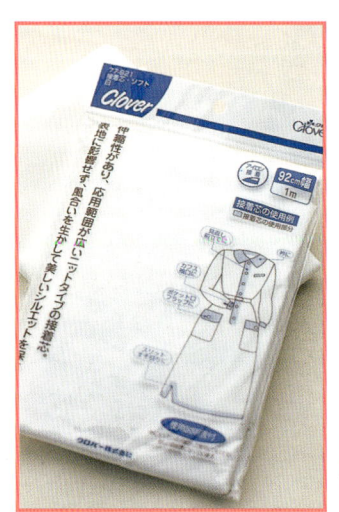

接着芯*
写真は完全接着タイプの接着芯。薄地から厚手、ジャージまで幅広く使用できます。

貼る場所と貼り方

一般的に接着芯を貼る場所と、接着芯の貼り方を知りましょう。

貼る場所

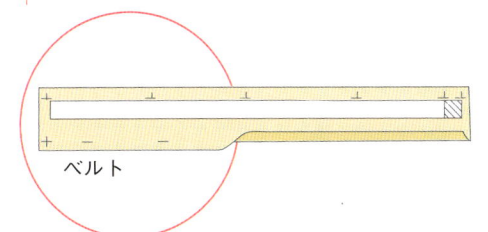
ベルト

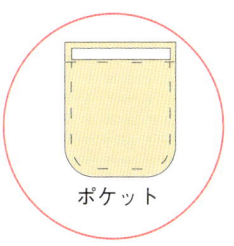
ポケット

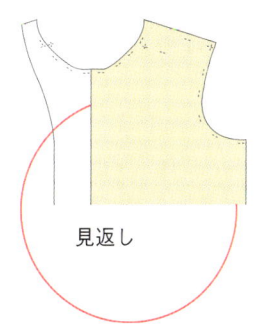
見返し

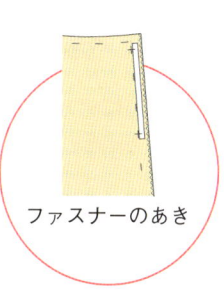
ファスナーのあき

接着芯の貼り方

1 アイロン台（均一に圧力がかかる、硬めのもの）の上に、布地の裏側を上にして置く。

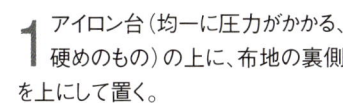

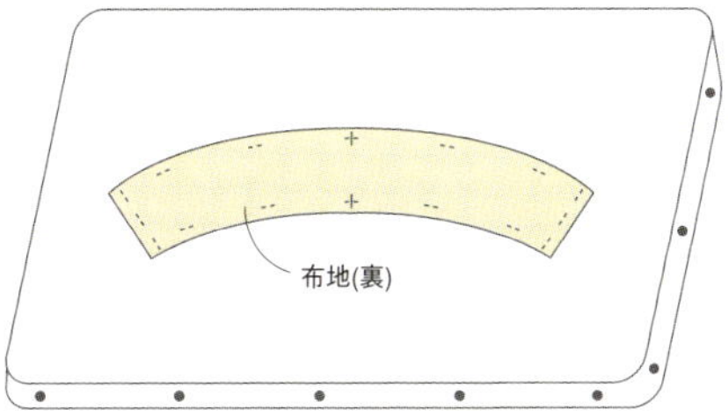

2 接着芯の、接着樹脂が付いている面を下にして重ねる。

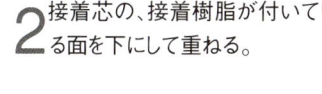

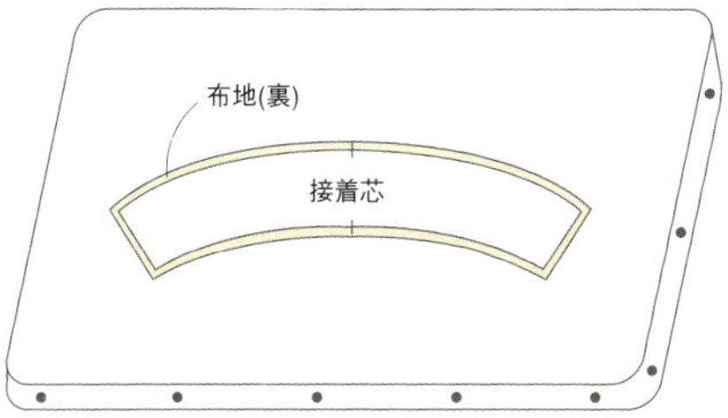

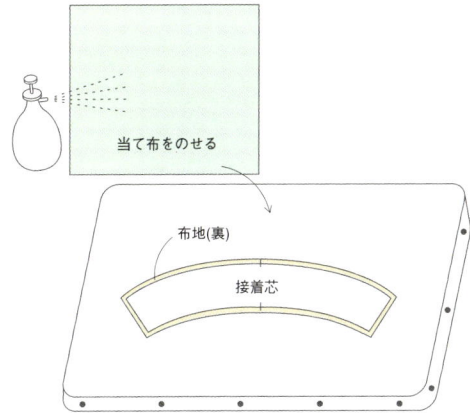

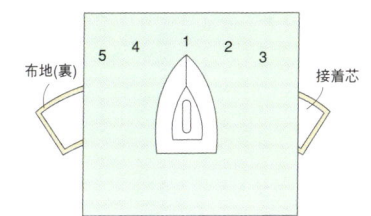

4 アイロンを滑らせず140℃くらいの温度で、1ヶ所を10～15秒程度ずつ数字の順に押さえる。上から押さえるようにし、ドライでかけること。霧をふかずに、スチームアイロンで接着する場合もある。

3 当て布に霧をふいて重ねる。絹やレーヨンなど、水を付けてはいけないものは、水分を少なくする。

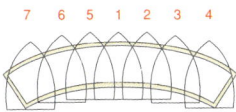

5 接着されていない部分がないように、アイロンをまんべんなくかける。

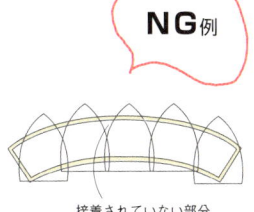
NG例
接着されていない部分

memo

裏技

型通り裁断した接着芯と、型通り裁断した布を歪まないように貼るのは、初心者にはちょっと難しい…。そこで裏技を紹介！
型通りではなく"縫いしろを余分にとった布"と、"やや多めに裁断した接着芯"とを"地の目を通して"貼ります。
しっかりと接着できてから型紙を乗せて印をつけ、それから裁断すると"型が歪むことなく"上手に貼れるのでおすすめ。

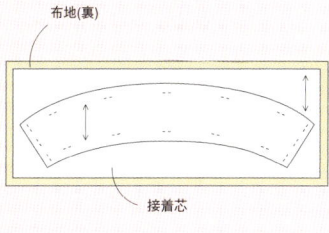

The foundation

基礎縫い：ミシン縫い

ミシンでできること、手縫いでできることのそれぞれを知っておきましょう。

ミシンかけの基礎

洋裁をするうえでミシンは必要不可欠。焦らずに、一定の速度で縫い進めましょう。はぎれなどで何度か練習し"ミシンに慣れておく"こと。

縫いしろの始末に

1 ミシンのジグザグ機能を使って布端を縫う。

2 一般的な始末の方法。縫いしろを割らないところは、2枚一緒にかけることもできます。

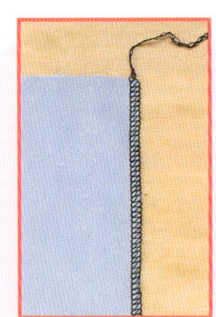
既製品の始末は、ほとんどロックミシン。

memo
ジグザグとロック
家庭用のミシンには、ほとんどジグザグの機能が付いています。縫いしろの始末はこれでOK。少し値のはるものには、ロック機能のアタッチメントが付いたミシンも。本格的を目指すなら、専用の"ロックミシン"を用意してもよいでしょう。

直線を縫うとき

1 縫いはじめの箇所に針を落とし、押さえ金を下ろす。

2 両手で針の向こう側の布と手前の布を押さえ、一定の速度で縫い進める。

直角を縫うとき

1 針を刺したまま押さえ金を上げ、縫い進める方向へ布を回す。

2 角など丈夫にする必要があるところは、上から重ねて"二度縫い"をする。

返し縫い

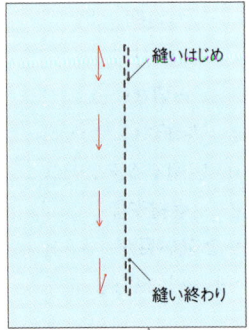
縫いはじめ／縫い終わり

縫い端をそのままの状態にしておくとほつれてしまいます。同じところを縫い重ねる"返し縫い"をしましょう。

memo
返し縫いの仕方
縫い端の3〜4針手前に針を落とし、"返し縫いのレバーやボタン"を操作して縫い端まで戻り、そこから直線縫いをする。最後まで縫ったら、"返し縫いのレバーやボタン"を操作して3〜4針戻り、ミシンからはずします。丈夫さを求める箇所は再度3〜4針戻して"重ね縫い"をします。

Part.1 Basic Sewing

and the tools

落としミシン

1 縫いしろをアイロンで割る。

（裏）

2 割った縫い目の真上に、表からミシンをかける。

（表）

3 縫い上がり。

memo
どんなところに
落としミシンは、デザイン的に表から押さえのミシン目を見せたくないときに。

ステッチと端ミシン

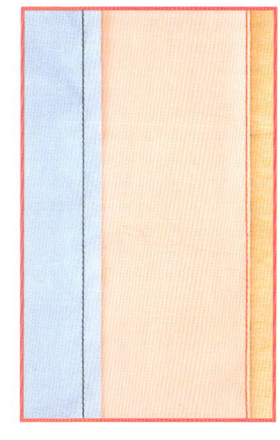

写真左が折山から0.8cmのミシンステッチ。右が0.2cmの端ミシン。

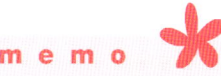

memo
どんなところに
デザインのポイントや、縫いしろを押さえ落ちつかせるためにかけます。

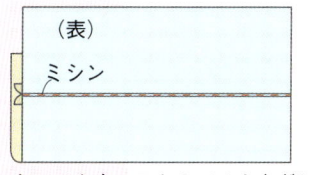
（表）ミシン

カフスやウエストのベルトなどに

上糸と下糸の関係

糸調子が合っていないときれいに縫うことができません。縫いはじめる前にはぎれなどを利用し、必ず糸調子を確かめましょう。

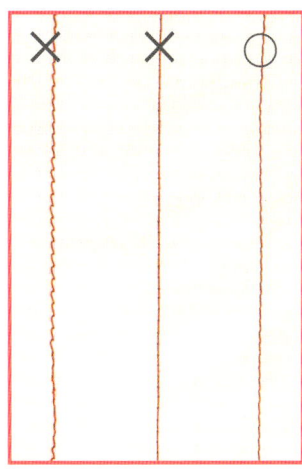

【右から】
- 表・裏の縫い目が同じ
  正しい糸調子
- 上糸がまっすぐで下糸が見える
  上糸が強いor下糸が弱い
- 上糸が浮いて見える
  上糸が弱いor下糸が強い

memo
ミシンによって違う調節の仕方
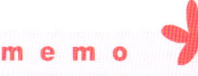
ミシンの種類によって調節の仕方が違います。上糸だけの強弱を調節するダイヤルが付いていたり、下糸と上糸の両方の調節が必要なもの、また自動で合わせる機能が付いているものなど多種多様。使用する布地の厚さ、それに伴い糸の素材や番手も変わるので、きれいな縫い目ができるまで、何度か試し縫いをしましょう。

The foundation

Let's enjoy Sewing

基礎縫い：手縫い

ミシンは苦手という人や、パッチワーク、キルトなどの手芸に、また
ちょっとしたほころびにも手縫いをマスターしておくと便利です。

玉結びの仕方

縫った糸の端が抜けないように、玉結びをします。

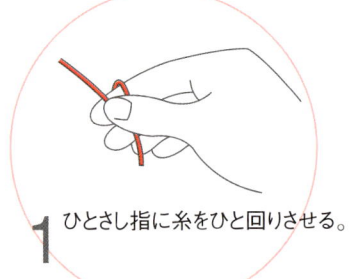

1 ひとさし指に糸をひと回りさせる。

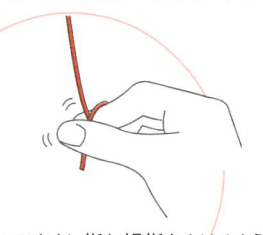

2 ひとさし指と親指をよじるように一方へずらし、輪にした糸をよる。

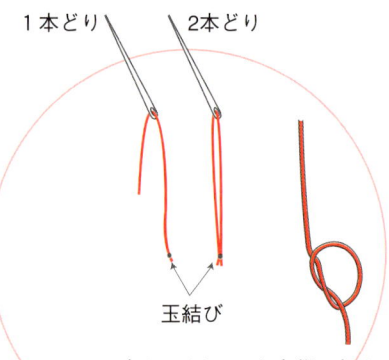

3 より合わせたところを中指で押さえ、もう片方の手で糸を引く。玉結びのでき上がり。

しつけのかけ方

ミシン縫いをする前に、仮に布を固定しておくことを"しつけ"といいます。原則としてしつけは"でき上がりの印よりも少し縫いしろ側"にかけます。

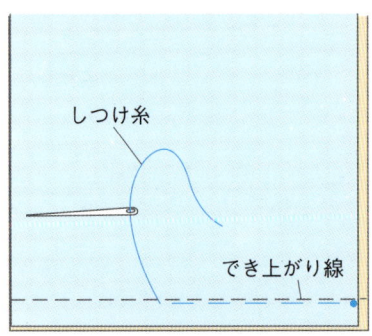

ミシン縫いしたあと取りやすいように、しつけは印よりもやや"縫いしろ側に平行に"かけます。

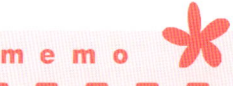
memo

しつけ糸を使う前に

束から1本1本抜いて使用すると、糸同士がからまってぐちゃぐちゃになりがち。からまないように下準備をしてから使用しましょう。

1 しつけ糸のラベルをはずし、輪の一方をゴムやひもで軽く結び、もう片方の輪を切る。

2 結んだ方を上にし、布で束をくるむ。しつけ糸を使用するときは、結んだ方の輪から"1本ずつ抜いて"使用する。

and the tools

ぐし縫い、玉止めの仕方

縫いつれ防止のポイントは縫い途中で"しっかりと糸をしごく"こと。

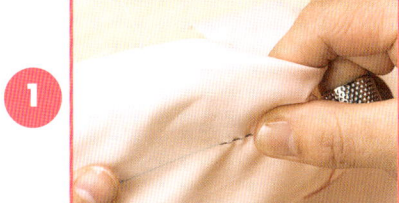

1 布を右親指とひとさし指で持つ。左手ではさんだ布をピンと張りながら上下させて針を軽く押し、針先だけを動かすように細かく縫う。

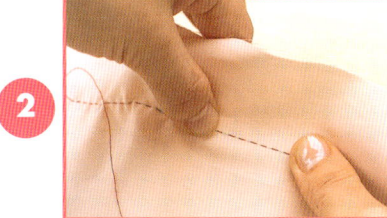

2 ときどき、手で縫ったところの布のたるみをしごき、糸と布のバランスを整える。

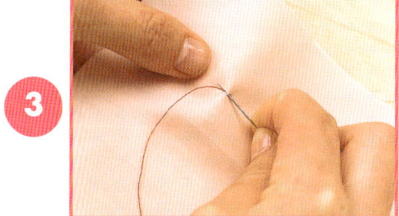

3 縫い終わりは、1針戻る。

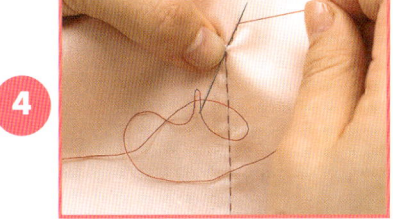

4 終わりのところへ針をあて、親指とひとさし指で押さえる。針の根元に糸を2〜3回巻く。

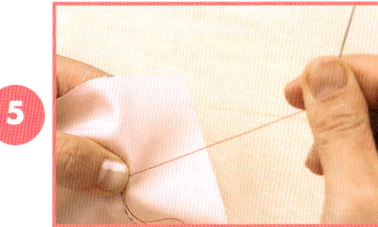

5 親指で巻き付けた糸を押さえ、斜め上に引く。玉止めのでき上がり。

memo

指ぬきのはめかた
中指に指ぬきをはめ、針先から0.5cmくらいのところを親指とひとさし指でつまみます。針穴を指ぬきに直角にあてて持ち、縫いはじめましょう。

返し縫い

ぐし縫いに比べ、非常に丈夫な縫い方です。縫いはじめと縫い終わりに2針返し縫いをするとほつれません。

本返し縫い

針を"前の縫い目の所まで"戻し、針目の2倍先のところで出す。

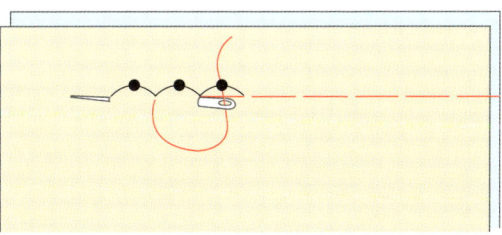

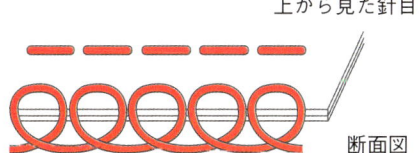

上から見た針目

断面図

半返し縫い

針を"●印の半分だけ"戻し、縫い進める。

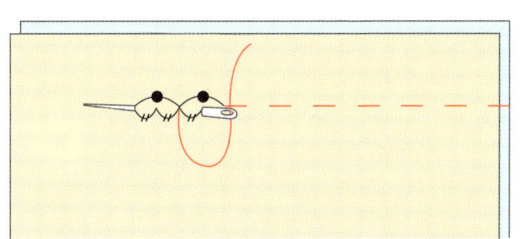

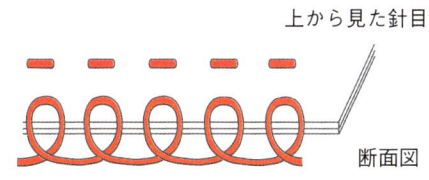

上から見た針目

断面図

The foundation

Let's enjoy Sewing

縫いしろ、折りしろの始末

布端の始末には色々な方法があります。布地の厚さ、デザイン、洗濯方法など使用目的により始末の仕方を選びましょう。

縫いしろの端はきちんと始末していないと、肌に当たります。ジグザグミシンやロックミシン（P.20参照）で始末するだけの場合もあります。

縫いしろの始末

端ミシン

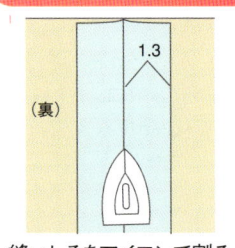
1 縫いしろをアイロンで割る。

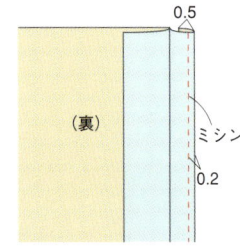
2 縫いしろの端を0.5cmくらい折り、アイロンをかける。折った縫いしろだけにミシンをかける。

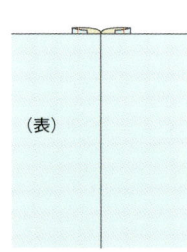
3 表からみたところ。

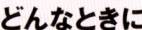

memo
どんなときに
- 端ミシン
  木綿や麻など、縫いしろが表にひびきにくい布地に。
- 折り伏せ縫い
  子供服やシャツや透ける布によく用いる。縫いしろが立ち上がらないので肌にやさしい。
- 袋縫い
  薄地や透ける布、洗濯の激しい子供服などに。厚地だとゴロつくので不向き。

折り伏せ縫い

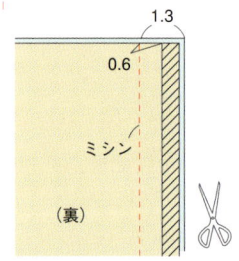
1 布を中表に合わせてミシンをかけ、片方の縫いしろを0.6cmに切る。

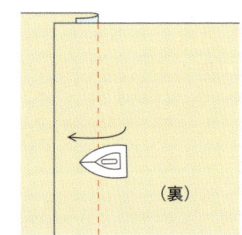
2 アイロンで片側へ倒し、多い方の縫いしろで少ない縫いしろ側をくるむ。

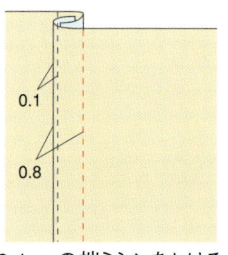
3 0.1cmの端ミシンをかける。

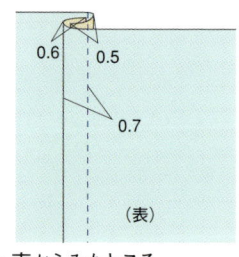
4 表からみたところ。

袋縫い

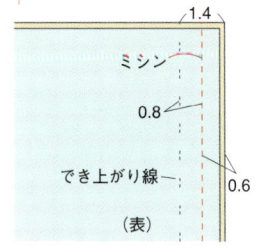
1 布を外表に合わせ、でき上がり線より0.8cm縫いしろ側にミシンをかける。

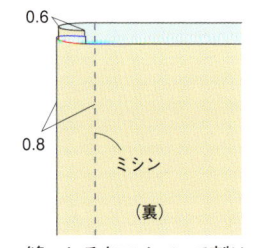
2 縫いしろをアイロンで割り、中表になるよう裏返し、0.8cmのミシンをかける。

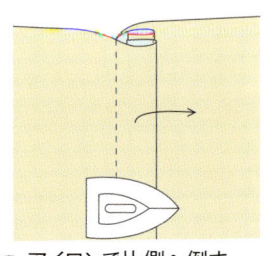
3 アイロンで片側へ倒す。

4 表からみたところ。

and the tools

折りしろの始末

裾や袖口、ポケット口など"折ったところ"の始末です。

三つ折りミシン

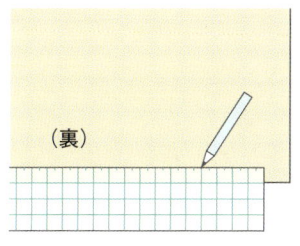

方眼定規を使って、チャコマーカーで線を引く。

memo ✻

折り方
厚紙などで"平行線をつけた定規"を作っておくと便利です。

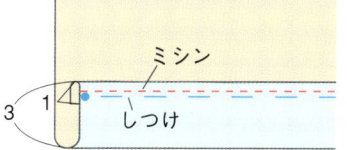

＊aの方法
4cmの折りしろがある場合、まず1cmのところでしっかりとアイロンをかける。さらに3cm折り、しつけをかけてミシンで縫う。

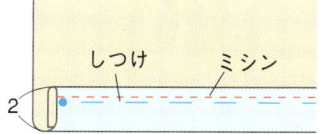

＊bの方法
4cmの折りしろがある場合、まず2cmの所にアイロンをしっかりとかけ、さらに2cm折る。しつけをかけてミシンで縫う。

普通まつり

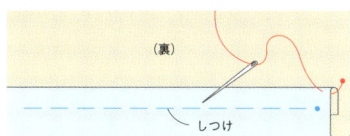

1 布地を図のように折り、しつけをする。折り山の裏側から針を入れ、手前に出す。

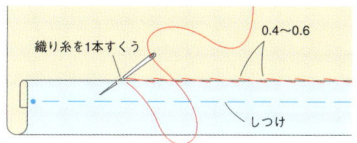

2 針を0.4～0.6cm移動させ、表地の織り糸を1本すくい、さらに0.2～0.3cm先の折り山に裏側から針を入れて糸を引き出す。これを繰り返していく。

奥まつり

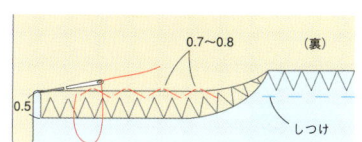

裁ち目をジグザグミシンなどで始末してからしつけをし、縫いしろの端を0.5cm手前に返してややゆるめにまつる。

縦まつり

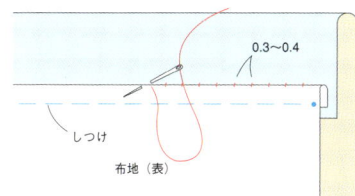

折り山の裏側から針を入れ、手前に出してすぐ上の布地を1枚だけすくう。糸が直角になるようにまつる。

千鳥がけ

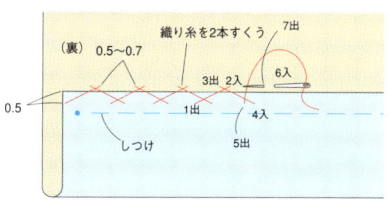

布端をとめ付けるときに使う。左から右へ上下交互に布地をすくう(折りしろ側は上側のみすくう)。

Let's enjoy Sewing

The foundation
アイロンのかけ方

こまめにアイロンをかけながら作業を進めていくことが大事なポイント。縫い終わったら、そのつど"アイロン!"。滑らすというより"押さえるように"してかけます。

縫い目を整えるとき

ミシンで縫ったあとは、こまめにアイロンをかけて整える。

縫い目を割るとき

アイロンの角度が縫い目の方向に合うようにし、アイロンの先端を使って割る。

見返しを表へ返すとき

見返しを表へ返すときも必ずアイロンを使用。

見返しを裏側へ引き込んでアイロンをかける。＊ウールなどアイロンが効かない布の場合には、小皿に入れた水を指先で角につけてからアイロンをかけるときれいに仕上がります。

Part.1 Basic Sewing

and the tools

袖山などのいせ込みに

袖山など、ぐし縫いをしたところはギャザーにならないように縫い目をきれいに整える。

 memo

プレスボール

立体的に仕上げる部分は、平らなアイロン台では上手にかけられません。プレスボールを使用しましょう。

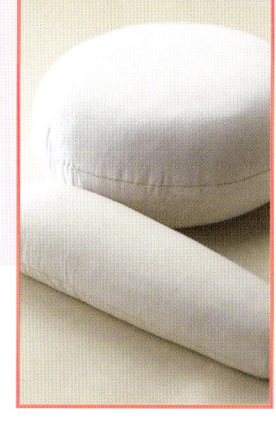

ダーツなどに

ダーツを縫ったら、縫い目にアイロンをかけたあと、片側へ倒してアイロンをかける。

接着芯を貼るとき

接着芯を貼るときはアイロンで。接着面の表裏を間違えないように注意します（P.19参照）。

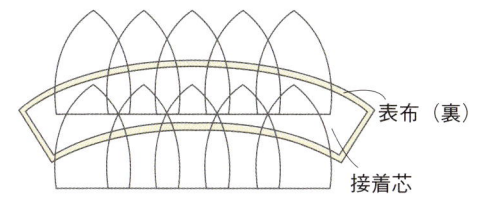

表布（裏）
接着芯

 memo

便利なアイロンクリーナー

接着面の表・裏を間違えてアイロンをあてると"のり"の部分がアイロンにべったりとくっついてしまいます。そのまま、洋服にアイロンをかけると…。べたべたと洋服に汚れがついてしまい大変！
そんなときに便利なのがアイロンクリーナー。アイロンを温め、底の部分に塗りながら拭き取ります。無理にドライバーなどでこすり落とそうとすると、アイロンの底を傷付けるので注意しましょう。

アイロン適合表

ホームソーイングでは"自動調節機能"が付いたアイロンが一般的。アイロンがけをするときには、下記の表を目安にして下さい。メーカーや、それぞれの機能によっても違うので、取扱い説明書を読んで指示にしたがいましょう。

一般的なアイロンの温度

アイロンの表示	素材	温度
高	麻・綿	180度〜210度
中	毛・絹・ナイロン・ポリエステルなどの化繊	140度〜160度
低	アクリル・ポリウレタンなどの化繊	80度〜120度

The foundation

Let's enjoy Sewing

バイアステープ

バイアステープとは、布地を地の目に対して45度の角度で裁断し、テープ状にしたもの。短いものと長いもののふたつの作り方を紹介します。

バイアステープの作り方

必要な分量に応じて作りましょう。aよりbの方法がスピーディー。

裁断した布幅をつなぎあわせて作る：a

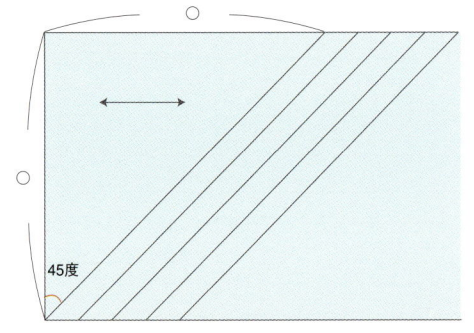

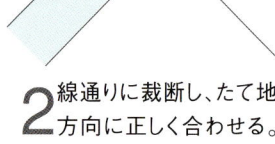

1 布地に対して45度の正バイアスに、でき上がりよりやや太めの幅で線を引く。

2 線通りに裁断し、たて地方向に正しく合わせる。テープのa〜bを縫う。

3 アイロンで縫いしろを割る。テープの幅からはみ出したところはカットする。

NG例

長いバイアステープの作り方：b

1 布地にあらかじめ45度の角度でバイアステープの幅の線を引いておく。
＊ここでは4本引いています。

2 中表に線を1本ずつずらしてわにし、縫いしろを合わせて待ち針でとめる。

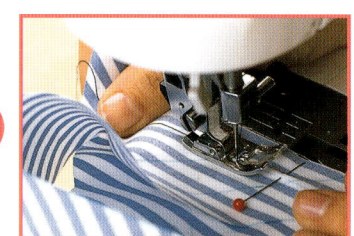

3 待ち針でとめた所を縫う。しつけをしてからミシンをかけてもOK。

4 アイロンで縫い目を割る。

5 線にそって回しながら裁断する。

6 少ない布で長いバイアステープができました。

Part.1 Basic Sewing

and the tools

中心に合うように左右のテープを折り、伸ばさないようにアイロンで押さえる。バイアステープのでき上がり。

memo
テープメーカーを使うと便利
市販のテープメーカーがあると、さらに便利。6ででき上がったテープをテープメーカーに通し、引き出しながらアイロンで押さえます。7の工程がぐんとスムーズに！ その際、テープメーカーによっていろいろな幅があるので、1の工程で線を引く"幅"はそれぞれの説明書にしたがって下さい。

バイアステープを使う

ふちどりなどで使用することが多いバイアステープ。衿ぐりや袖ぐり、カーブラインなどをくるむのに適しています。ここでは2cm幅のテープを使って説明します。

手でまつり、縫いしろの始末に

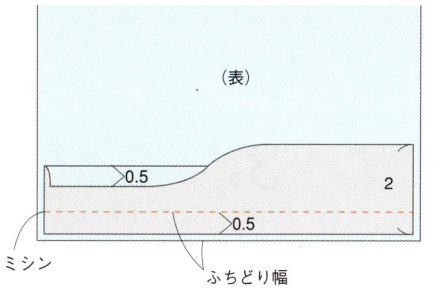

1 ふちどり幅の4倍の幅のバイアステープ（ここでは2cm）を用意し、端から0.5cmにミシンをかける。

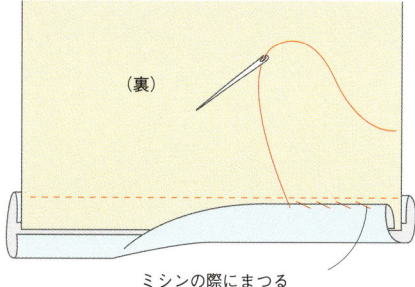

2 アイロンを使って折り返す。表にまつりの針目が出ないように、ミシン目の内側をまつる。

地縫いなしでそのまま挟んで付ける

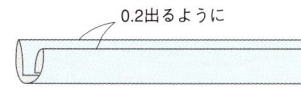

1 裏側にくるバイアステープを"表側よりも0.2cm出るよう"に折り、布をはさむ。

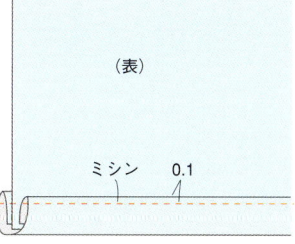

2 表側から0.1cmの端ミシンをかける。

memo
市販のバイアステープ
市販の"バイアステープ"は、サイズ・色・材質も豊富。アイロンで接着できるものなどもあります。共布でなくてもよい場合や、バイアステープの色をいかしたデザインの場合は手軽に利用できて便利です。

バイアステープを見返しとして使用

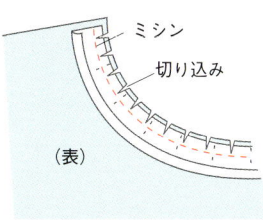

1 バイアステープをゆるませぎみにセットし（中表）、しつけをしてからミシンをかける。カーブの強いところには切り込みを入れる。

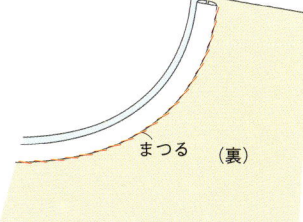

2 バイアステープを表に返して布端を折り、裏布になじませながらまつる。ミシンで縫うこともある。

The foundation
立体的にする方法

胸まわりやウエストなど体のふくらみに合わせ、平面の布を立体的にするための方法です。

ダーツ

平面的な布を"立体化"する方法のひとつ。人間の身体の凹凸に合わせてふくらみや丸みを出すために、布の一部をつまんで縫います。

1 ここではウエストのダーツを説明します。

2 ダーツの先端に表側から待ち針をさして持ち、片方の手で印を合わせる。

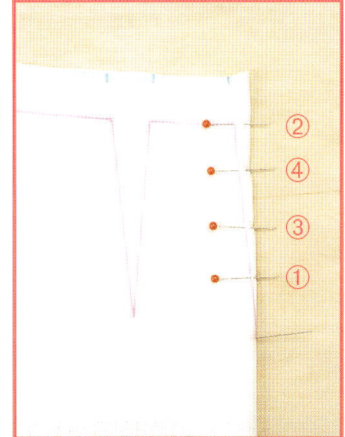

3 印を合わせたら、数字の順に待ち針でとめる。もう片方のダーツも同様に。

4 ウエストから、ダーツの先端に向ってミシンをかける。返し縫いはせず、そのまま糸を長めに残しておく。

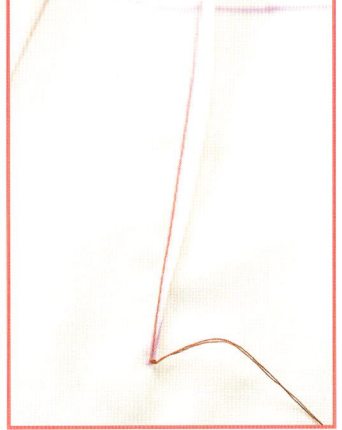

5 ダーツの先端の糸を結ぶ。

6 中心側に倒してキセがかからないように注意し、最後に表から焦がさないように軽くアイロンをかける。

NG例

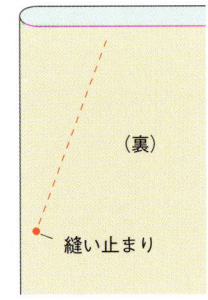

ダーツの先端まで縫わずに縫いとめると…。

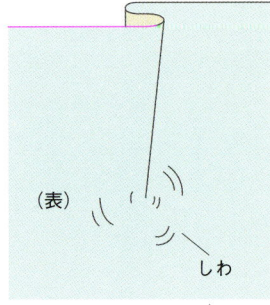

表側から見るとダーツ止まりがへこんで"しわしわ"に。失敗！

Part.1 Basic Sewing

and the tools

 **タック**

布を人間の身体にそわせたり運動量を入れるために、布をつまみ、たたみます。ダーツは"つまんで縫い消す"のに対し、タックは"つまんで止める"ので"ひだ"として残るのが特徴。

①
つまむ部分に斜線で印を付ける（表布）。

②
印を合わせてたたみ、待ち針で止める。

③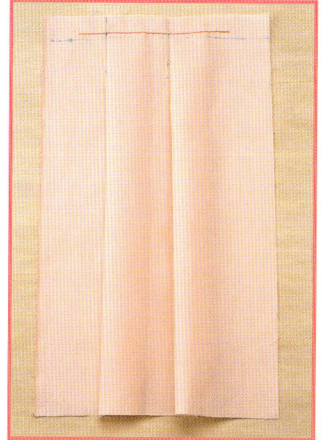
ウエストのでき上がり線よりもやや縫いしろ側を縫う。

memo

その他の立体の出し方

●両ひだ（ボックスA）

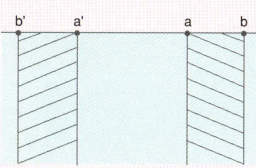

製図の斜線が"タック分量"。斜線の"高いほうから低い方"へひだをたたむ。

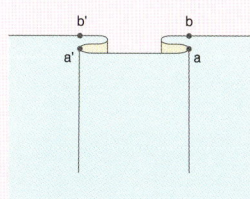

図のように、それぞれを合わせる。

●両ひだ（ボックスB）

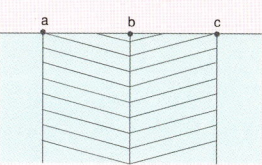

製図の斜線が"タック分量"。斜線の"高いほうから低い方"へひだをたたむ。

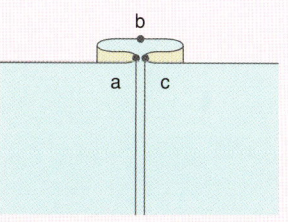

図のように、それぞれを合わせる。

●ピンタック

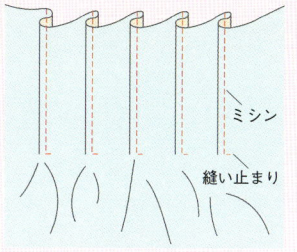

つまみ量を細かくし、ミシンをかける。縫い止まりから下が広がり、立体的になる。

●ギャザー

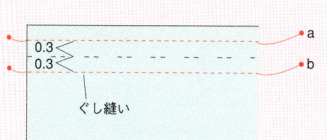

袖口やウエストなどに。印の上下にぐし縫いをする。

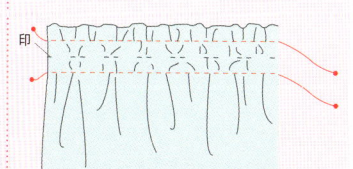

ベルトやカフスの付け寸法まで糸を引き、ベルトなどを付け終えてから最後に表から見えるbの糸のみ引き抜く。

Let's enjoy Sewing

It is related with 型紙に 関すること paper pattern

このセクションでは、"型紙に関係すること"を紹介します。
初心者さんが"自分でいちからパターンを引く"のはちょっと難しい…。
雑誌やスタイルブックに掲載されている
"実物大型紙"から洋服を作ることを前提として、
"型紙の写し方"、"既製の型紙から自分のサイズへ補正する"、"裁断と印付け"…etc.
縫いはじめる前にしておくことなので、しっかりとマスターして下さい。

採寸

市販されている型紙や、スタイルブックなどに付いている"実物大型紙"には、S・M・L・LLサイズがあります。自分のサイズに一番近いものを選びましょう。

採寸の仕方

●バスト、ウエスト、ヒップ
"メジャーが水平になるように"測ります。

●背丈
首の後ろの"骨"がでているところから、ウエストまでを測ります。着丈は首の後ろの"骨の出ているところ"から上着の裾までを測ります。

●ゆき丈
腕を自然にたらし、軽くひじを曲げます。首の後ろの"骨"が出ているところから、肩先→ひじ→手首までの長さを測ります。

●袖丈
軽くひじを曲げ、肩先からひじ→手首までの長さを測ります。

●また下
足のつけ根から足のくるぶしまでを測ります。また上は椅子に座った状態で脇ウエストからいすの座面までを測ります。

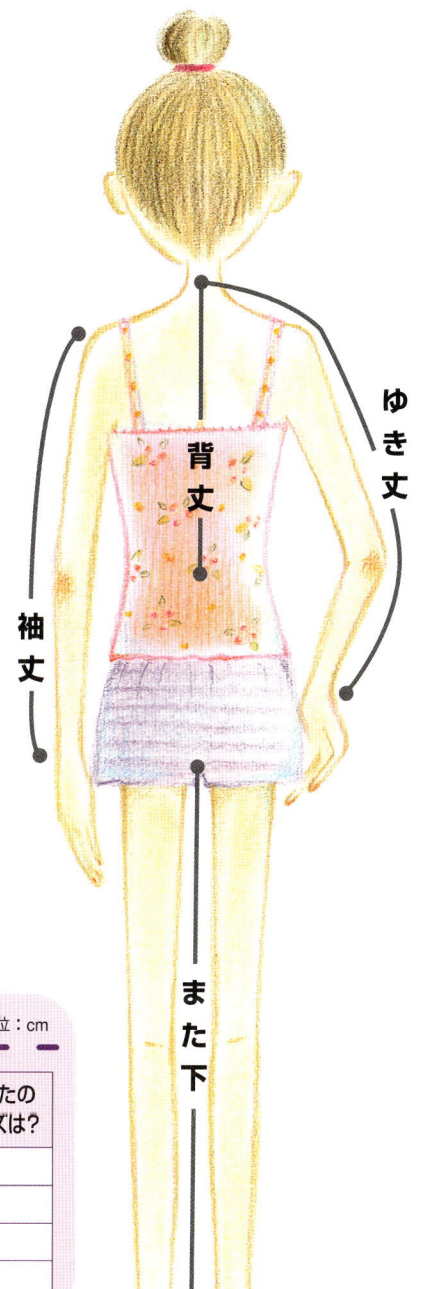

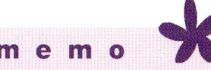

memo　　　　　　　　　　　単位：cm

レディースサイズ					あなたのサイズは？
	S	M	L	LL	
身長	154 〜 162				
バスト	72〜80	79〜87	86〜94	93〜101	
ウエスト	58〜64	64〜70	69〜77	77〜85	
ヒップ	82〜90	87〜95	92〜100	97〜105	

Let's enjoy Sewing

It is related with
型紙の各部分名称

縫い方説明で、ちょっと耳なれない言葉がでてきて困ってしまう…。ここでは、一般的に使われている型紙の"名称"と"製図記号"を説明しまいます。

型紙の部分名称

身頃や袖、スカートなどに書き込まれている用語をイラストでまとめました。それぞれの詳しい用語解説はP.92～95のIndexを参照して下さい。

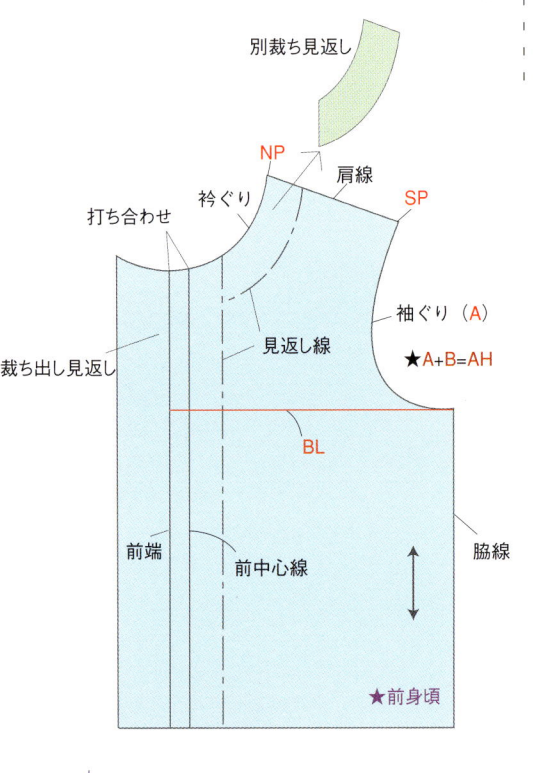
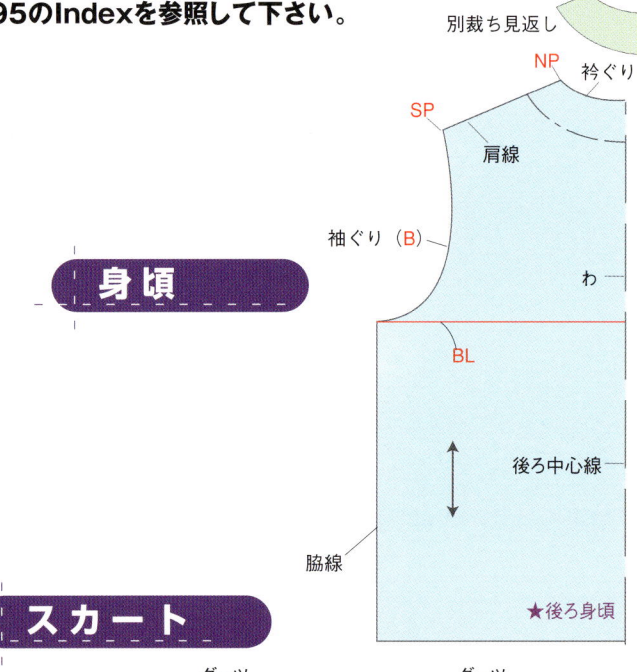

★A+B=AH

身頃

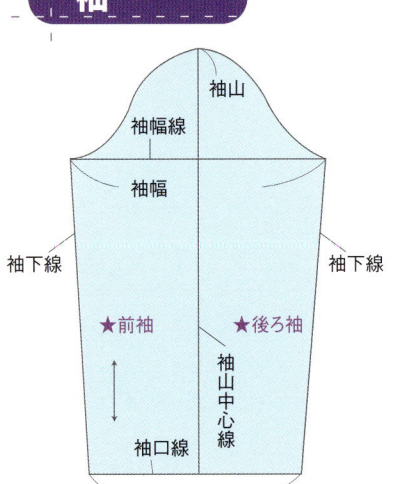

袖

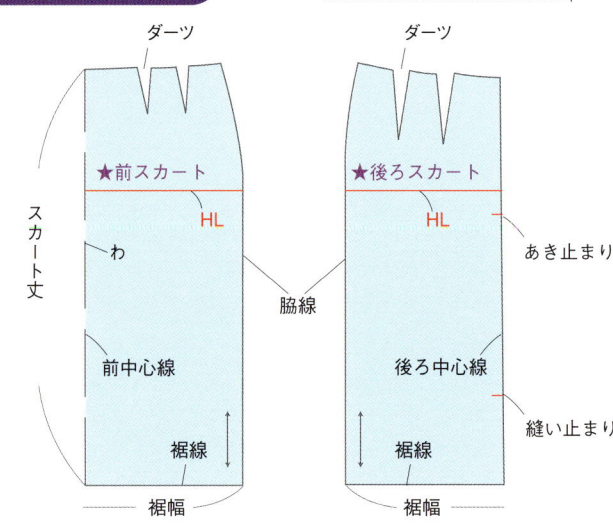

スカート

Part.1 Basic Sewing

a paper pattern

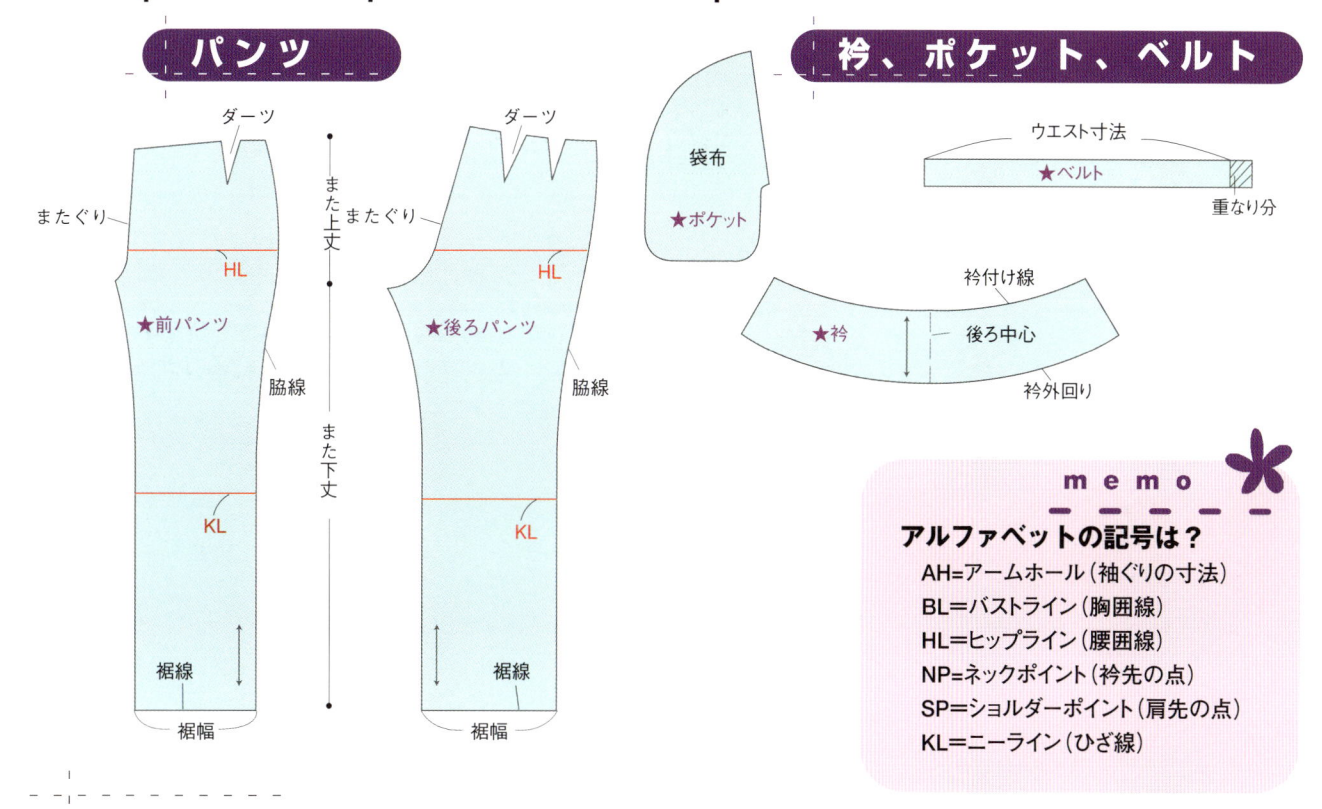

パンツ

ダーツ / またぐり / また上丈 / HL / ★前パンツ / 脇線 / KL / 裾線 / 裾幅

ダーツ / またぐり / HL / ★後ろパンツ / 脇線 / また下丈 / KL / 裾線 / 裾幅

衿、ポケット、ベルト

袋布 / ★ポケット

ウエスト寸法 / ★ベルト / 重なり分

衿付け線 / ★衿 / 後ろ中心 / 衿外回り

memo
アルファベットの記号は？
AH＝アームホール（袖ぐりの寸法）
BL＝バストライン（胸囲線）
HL＝ヒップライン（腰囲線）
NP＝ネックポイント（衿先の点）
SP＝ショルダーポイント（肩先の点）
KL＝ニーライン（ひざ線）

製図線と記号について

市販されている実物大型紙などにある、一般的な製図線と記号です。

memo
右半身or左半身？
一般的に、型紙は身体の"右半身"、"左半身"のどちらかで書かれており、本書では"左半身（後ろ身頃の中心線が右側にくる）"で説明しています。既製品の型紙などでは、後ろ中心が左側にくる"右半身"で書かれている型紙もあります。

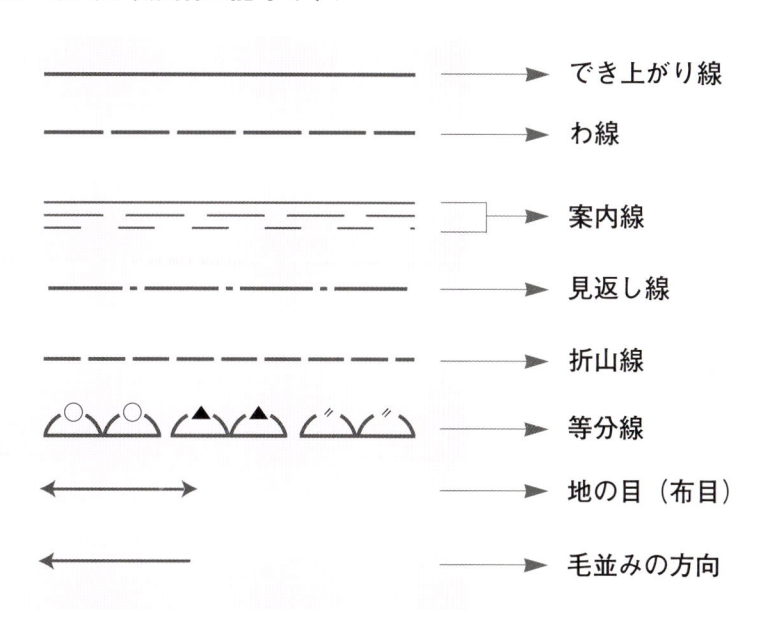

→ でき上がり線
→ わ線
→ 案内線
→ 見返し線
→ 折山線
→ 等分線
→ 地の目（布目）
→ 毛並みの方向

Let's enjoy Sewing

It is related with

型紙の写し方と補正

作りたい作品の型紙をハトロン紙などに転写し、必要な箇所は"サイズ補正"をします。

ハトロン紙へ写す

布目線や合印、あき止まりやダーツなどの細部も忘れずに写しましょう。見返しや袋布は別の紙に写します。

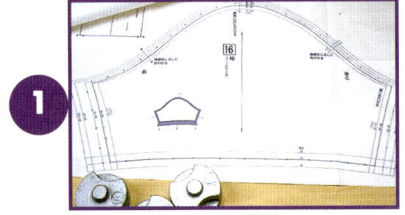

1 実物大型紙、ハトロン紙、裁ちんなどの重し、チャコマーカー、定規等を用意する。

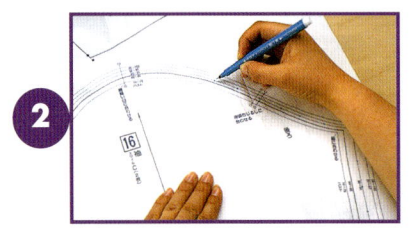

2 サイズ等が重なって見えづらい型紙は、"写したいところ"がはっきりとわかるようにペンで●などの印を付ける。

3 ハトロン紙をのせ、ずれないように重しで固定する。"はがせるテープ"などを利用すると便利。鉛筆で型紙を写す。

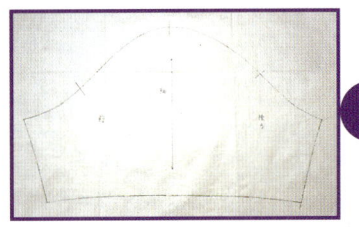

4 合印や前・後ろ、地の目の矢印など、細部も忘れないよう書き込む。

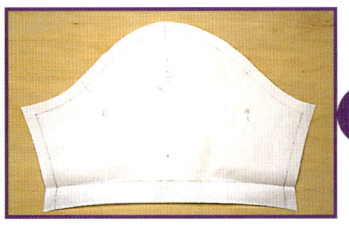

5 指定寸法の縫いしろを付け、紙切りバサミで切る。

補正の仕方

自分のサイズと型紙が合わないときは、サイズの補正をします。自分に一番近いサイズ（S・M・L・LL）の型紙を写し、"足りないところ"、"余分なところ"を直します。

上着の補正

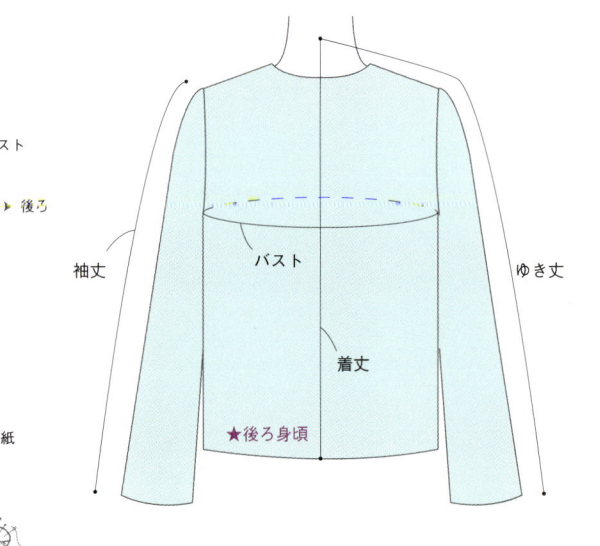

袖丈／バスト／ゆき丈／着丈／★後ろ身頃／前／後ろ／ウエスト／型紙

memo

どうして1/4？

型紙のほとんどが"半身分"なので、バスト、ウエスト、ヒップの補正をするときは"足りないor余分な寸法の1/4cm"を計算してから、その数字で型紙を補正します。1枚の型紙は身体の"1/4"と覚えておきましょう。

Part.1 Basic Sewing

a paper pattern

バストの補正

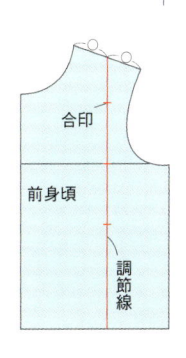

肩線の寸法を二等分に分ける。前後の中心線に平行に"調節線"を引く。後ろ身頃も同様。

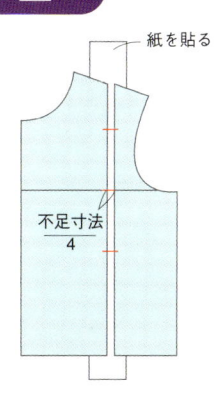

***大きくする場合**
"足りない寸法の1/4量"を計算する。調節線をカッターで切る。不足寸法を広げて紙などを貼る。肩線を結び直す。

***小さくする場合**
"余分な寸法の1/4量"を計算する。調節線をつまんでたたみ、その分量を重ねてテープなどでとめる。肩線を結び直す。

着丈の補正

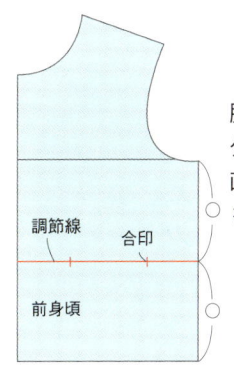

脇線の寸法を二等分に分ける。前後の中心線に直角になるよう、調節線を引く。後ろ身頃も同様。

***長くする場合**
調節線をカッターで切り"足りない寸法"を広げて紙などを貼る。中心線と脇線を結び直す。

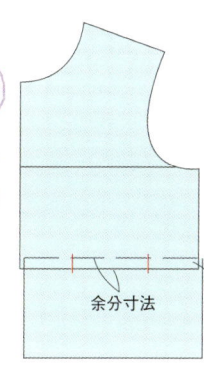

***短くする場合**
調節線をつまんでたたみ"余分な寸法"を重ねテープなどでとめる。中心線と脇線を結び直す。

袖丈の補正

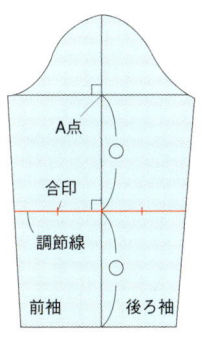

袖山中心線と袖幅線の交差する部分(A点)から袖口までの寸法を二等分に分ける。袖口線に平行に調節線を引く。

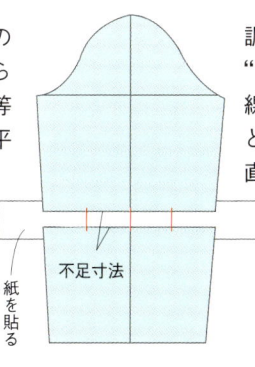

***長くする場合**
調節線をカッターで切り"足りない寸法"を袖口線に平行に広げて紙などを貼る。袖下線を結び直す。

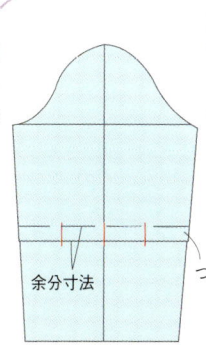

***短くする場合**
調節線をつまんでたたみ"余分な寸法"を重ねて、テープなどで止める。袖下線を結び直す。

Let's enjoy Sewing
It is related with

スカートの補正

ウエスト

ヒップ

ヒップの補正

ヒップは、ヒップラインを調節線とする。

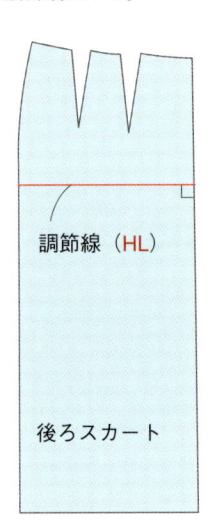

調節線（HL）

前スカート

調節線（HL）

後ろスカート

*大きくする場合

"足りない寸法の1/4量"を調節線の位置で出す。脇線を引き直す。

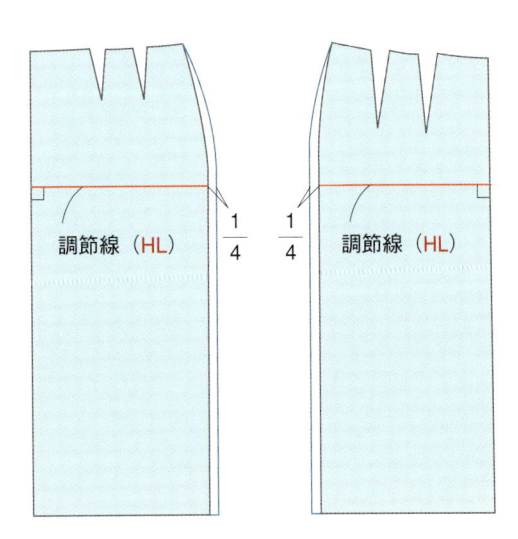

調節線（HL）　1/4　　1/4　調節線（HL）

*小さくする場合

小さくする場合は"余分な寸法の1/4量"を調節線の位置で減らす。脇線を引き直す。

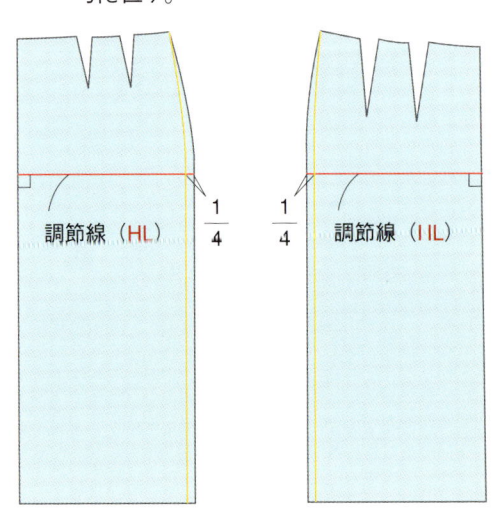

調節線（HL）　1/4　　1/4　調節線（HL）

a paper pattern

ウエストの補正

ウエストは前後の中心線と直角に調節線を引く。

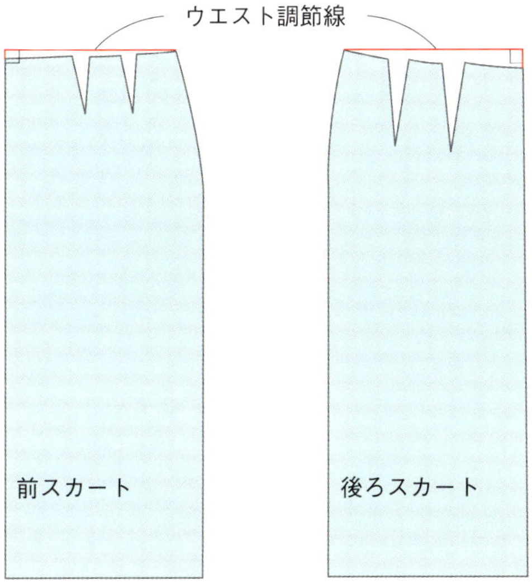

ウエスト調節線

前スカート　　後ろスカート

memo

例えば

ヒップが92cmの人が、"90cm"の型紙を補正する場合は『2cm大きくしたい！』。
2cm÷4＝0.5cmなので、"足りない寸法は0.5cm"。前スカートと後ろスカートの両方を0.5cmずつヒップ調節線の位置で出します。型紙は"半身"なので、実際に布を裁つとイラストのように計2cm大きくなります。注意したいのは、"前と後ろのスカート、両方を補正する"こと。間違えて"前スカートのみ補正"すると、『2cm大きくしたいのに、前スカートだけが1cm大きくなった！』ということになるので注意しましょう。

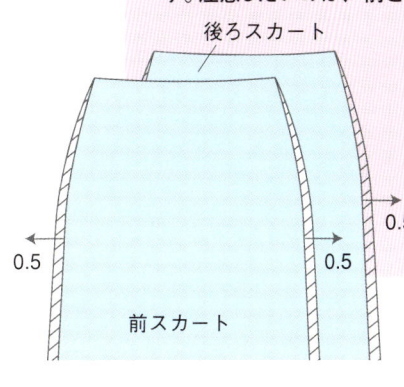

後ろスカート

0.5　　0.5

前スカート

*太くする場合

太くする場合は、ウエストの"足りない寸法の1/4量"を調節線の位置から出す。脇線を引き直す。

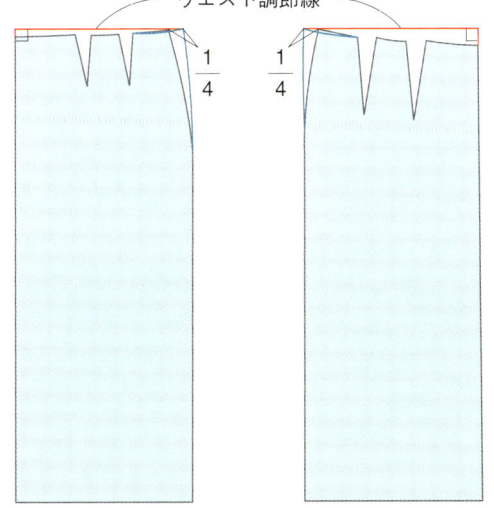

ウエスト調節線

1/4　　1/4

*細くする場合

細くする場合は"余分な寸法の1/4量"を調節線の位置から減らす。脇線を引き直す。

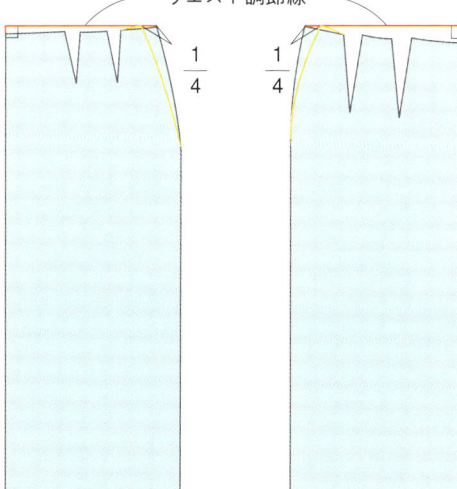

ウエスト調節線

1/4　　1/4

Let's enjoy Sewing

It is related with
型紙の置き方

型紙の配置の仕方によって、使用分量も違います。実際に布を広げ、型紙を置いてみましょう。

基本の配置の仕方

型紙に書いてある地の目（↕）をたて地に合わせ、左右どちらかの片側身頃を2つに折った布の上に置き、一度に左右同一のものを裁ちます。基本的に、あきのない身頃やスカートなど"わ"でとるものを先に置き、スペースのあいたところにポケットなどを置いて布をむだなく使用しましょう。

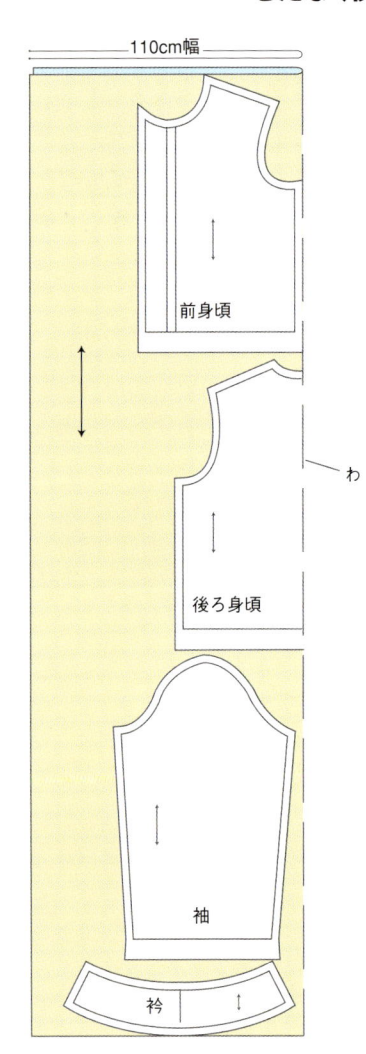

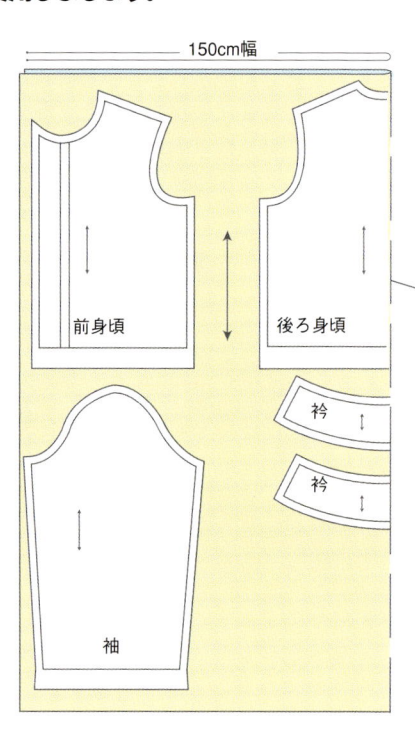

memo
一方方向に裁つもの
生地に方向性の柄がある場合は、必ず"一方方向"に裁ちます。

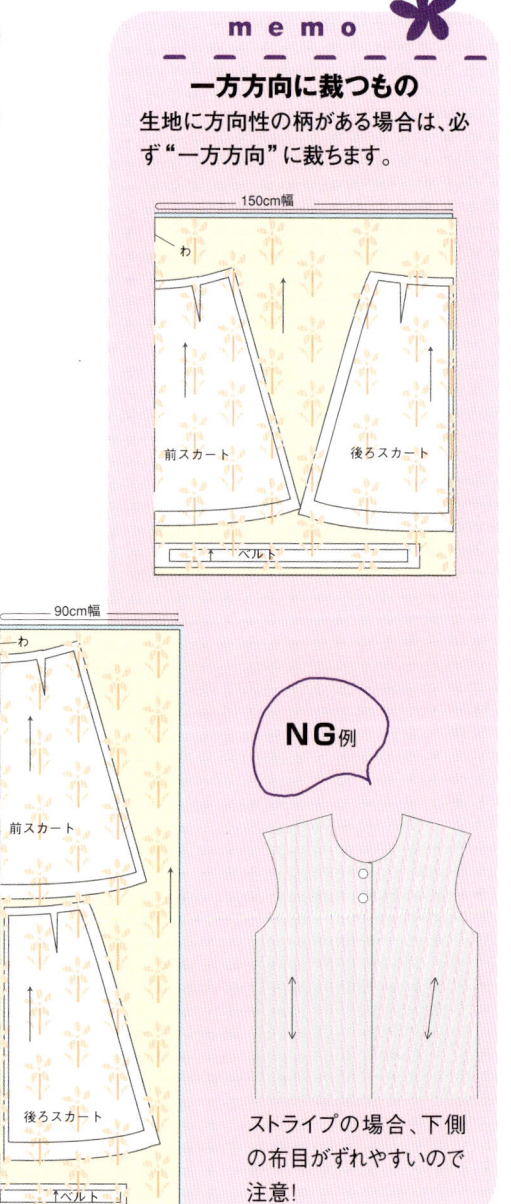

NG例

ストライプの場合、下側の布目がずれやすいので注意！

Part.1 Basic Sewing

a paper pattern

差し込む場合

型紙を逆に配置することで布を無駄なく利用することができる"差し込み"。柄に方向性のある生地や、毛並みのある生地は"差し込み"はできないので注意します。

型紙を逆に配置する。布の使用分量が少なくてすみます。

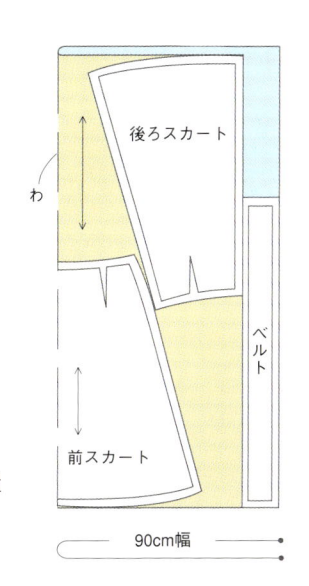

90cm幅

NG例

失敗例
柄に向きが有るのに差し込みをして作ったスカート…。失敗！

毛足のあるもの

長い毛足のあるものや、コーデュロイ、ベルベットなど"毛並み"のあるものは、一方方向に裁つことと、"毛並み方向"を合わせます。

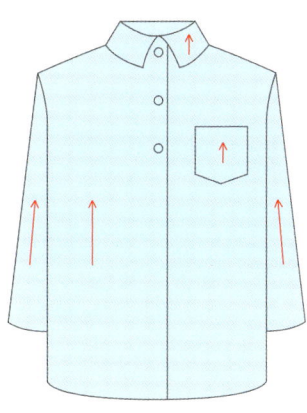

ベルベット、コーデュロイの場合。"逆毛方向"に裁つと、色の深みが出ます。

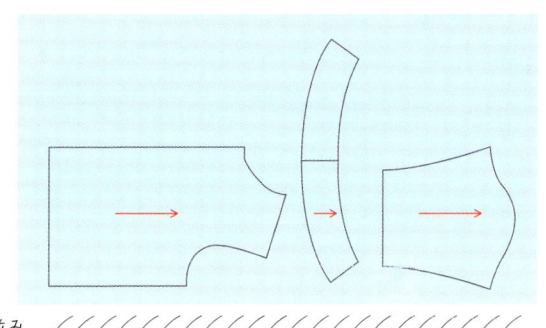

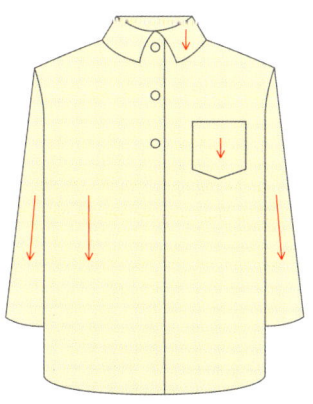

毛並み

長い毛足は、"なで毛"方向に裁ちます。

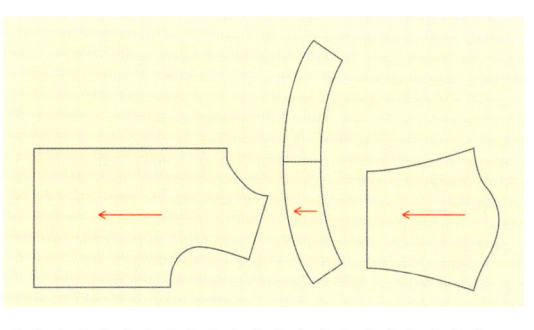

毛並み

Part.1 Basic Sewing

Let's enjoy Sewing

It is related with

柄合わせ

裁断した布を縫い合わせたときに"きちんと柄が合うように"型紙を配置することを"柄合わせ"といいます。

初心者の人は、無地や細かい小花、細かいチェックやストライプなど、あまり柄合わせの必要がないものから始めましょう。

柄合わせの基本

1. 少し離れた所から"布全体"を見て、柄の方向や向きなどの流れを確認する。
2. 型紙を置いてみる。
3. 前打ち合わせを重ねたとき、また脇などを縫い合わせたときに、特に横縞などの柄がずれないか、型紙の合印を目安に前・後を配置する。

大柄のとき

脇や前後の中心で、模様が左右対称にならないように注意します。裾や袖口などで模様が切れないようにすることも大切。

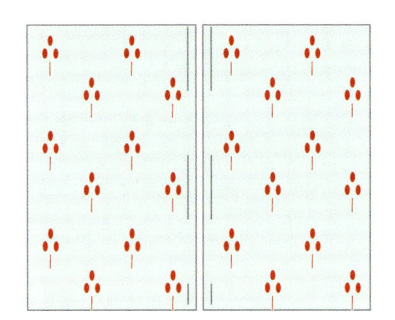

OK!

NG例

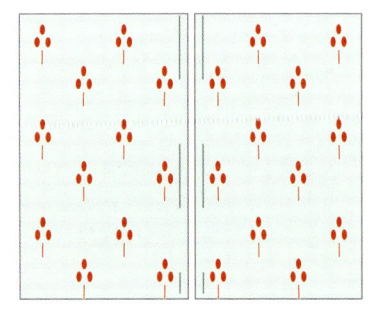

NG!

縞柄のとき

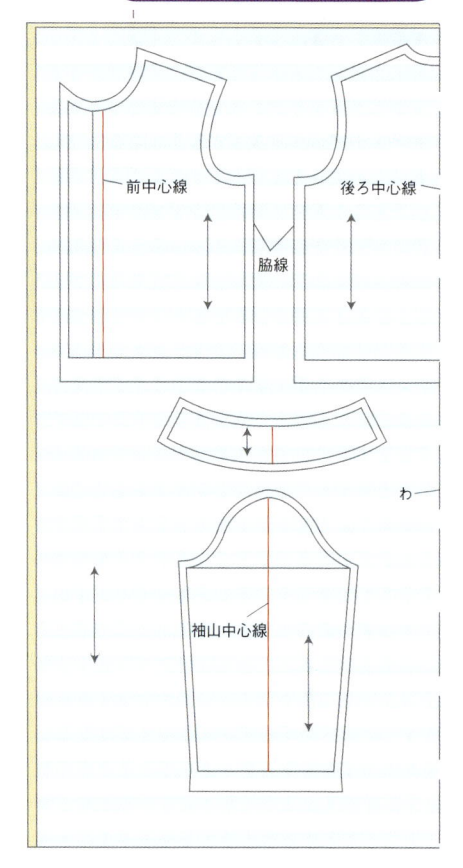

前中心線　後ろ中心線　脇線　袖山中心線

横縞のときは、前後中心、脇で合うようにすることがポイント。

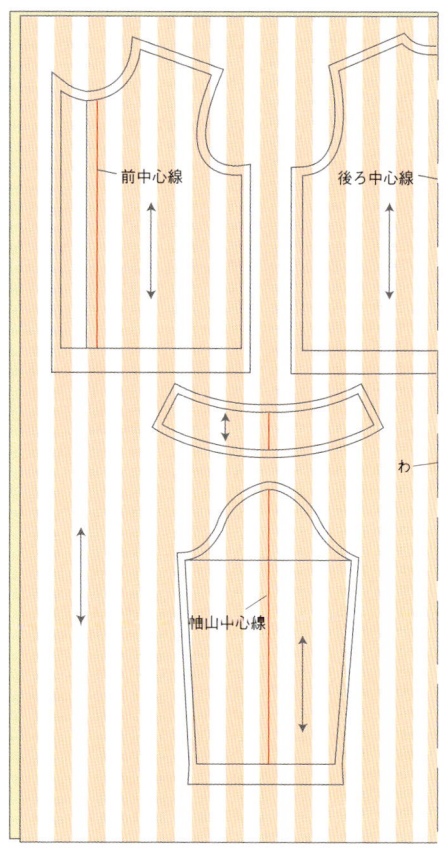

前中心線　後ろ中心線　わ　袖山中心線

縦縞のときは前中心、後ろ中心、袖山の中心を"縞柄の中心"と合わせましょう。

Part.1 Basic Sewing

a paper pattern
裁断と印付け

印の付け方には、チャコペーパーで付ける方法以外にしつけ糸2本でする"切りじつけ"や、布に直接チャコでかく方法などもあります。

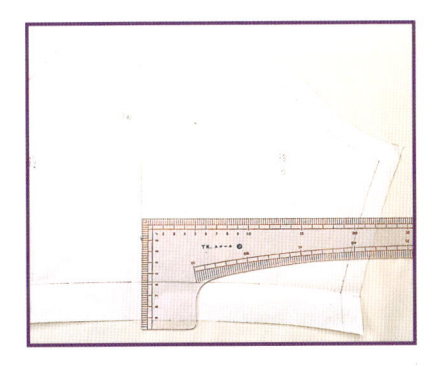

1
布を外表に合わせる。布目線と平行か確認して型紙を置く。

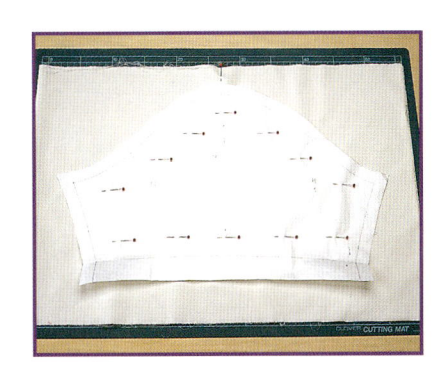

2
最初に中心を待ち針でとめる。印付けのときにチャコペーパーをはさむので、でき上がり線より3cm内側の周囲を待ち針でとめていく。

3
片方の手でしっかりと布を押さえ、裁断する。カーブなどにさしかかっても、布は動かさないこと。自分が動いて、裁断します。

4
裁断ができたら、布と布の間にチャコペーパーを差し込む。型紙の上からルレットでなぞり、印を付ける。

5
待ち針をはずし、型紙とチャコペーパーをとると、2枚の布の間に印が付いています。

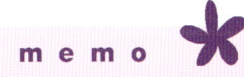

memo
"わ"で裁断するときは
"わ"にして型紙を置く場合、外表に合わせた布の間にチャコペーパーをはさみ、印付けをします。
使いやすいよう、両面チャコなら5cm幅ぐらい、片面チャコなら10cm幅ぐらいに切ってふたつに折り、両面使いで使用しましょう。

Let's enjoy Sewing

How to attach accessories
ボタンなど付属品の付け方

ボタン、ファスナー、スナップ、ホック。

これらの付属品にも"手を抜かず、しっかりと付けるポイント"がいくつかあります。

せっかく上手に洋服が仕立てあがっても、

最後のボタンホールで「失敗した!」なんてことになったら…。

日々の生活で、ボタンやホックを付け直す機会は多いのですが、

きちんとした付け方を知っていますか?

糸をほどいてやり直すこともできるけれど、特にボタンホールを作るときや、

位置を決めるときはやっぱり"失敗はゆるされない!"と少し緊張するもの。

"付属品だから"なんて、手を抜かない気持ちが大切。丁寧に作業したいものです。

ボタン付け

きちんとした"ボタンの付け方"を知っていますか？着脱するそのつどに力がかかるボタン。正しく付けておかないとすぐにゆるんでしまい、落ちやすくなります。

基本のボタン付け

2つ穴、4つ穴ボタンの場合、ボタンをかけ合わせたとき落ち着くように、打ち合わせの布の厚み分の糸足（ボタンと布地の間の糸）を付けます。

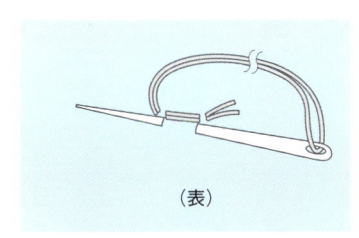

1 糸は2本どりにする（布の厚みによって糸を1本どりにする場合もある）。玉結びを作らず、表から針を入れ、返し縫いを小さく2回して糸止めをする（捨て糸）。

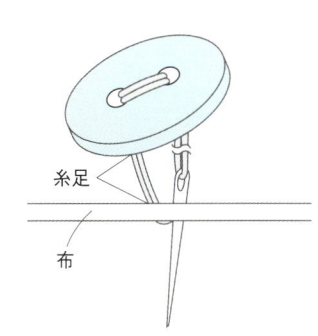

2 ボタンの裏から針を入れ、糸を渡して、布地に針を入れる。このとき、布の厚み分を考え（memo参照）糸足を残す。

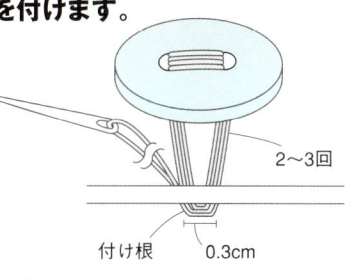

3 2を2〜3回繰り返す。糸足の付け根は、布を0.3cm幅すくう（コートの大きなボタンは0.5cm）。

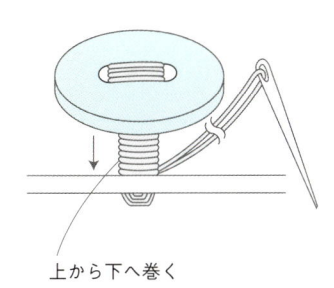

4 糸足に、上からすき間のないように糸を硬く巻き下げていく。1の捨て糸の端が飛び出さないよう、糸足と一緒に巻く。

5 糸が下までできたら、図のように"わ"を作ってしっかりとめる。

6 針を裏側に出し、返し縫いを小さく2回し、糸を切る。

memo 糸足について

既製品のシャツで「とめにくいな」と感じたことはありませんか？その原因は、糸足が付いていなく"ペタン"とくっつけただけのボタンだから。シャツの場合は"巻き終わって0.3cm"、厚地のコートは"0.8cm"の糸足が必要です。

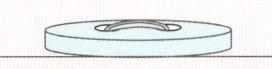

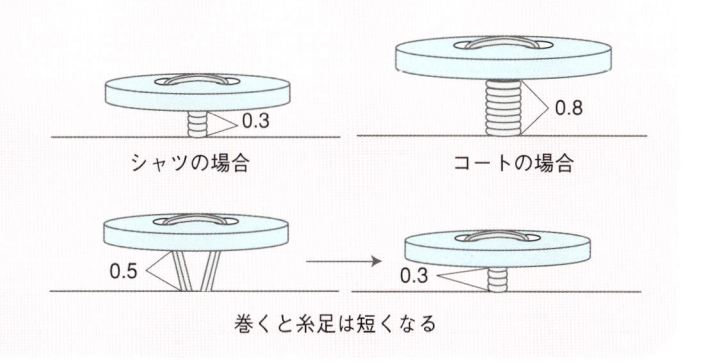

NG例

シャツの場合 0.3　　コートの場合 0.8

0.5 → 0.3　巻くと糸足は短くなる

Let's enjoy Sewing

How to attach

くるみボタン、飾りボタンetc

デザイン的にポイントにもなるボタン。くるみボタンの作り方と、デザインの上でアクセントになる飾りボタンの付け方です。

くるみボタンの作り方

表布と同じ布で作ることができるくるみボタン。ボタン選びに困ったときや、柄の好きな部分をいかすことができてとても便利です。くるみボタン専用のキットを利用する場合と、普通のボタンをくるむ場合を紹介します。

キットで作る場合

1 指定の直径サイズに布を裁断し、外回りをぐし縫いする。キットの上部分を包み、糸を引っ張る。

2 糸を引いたら、ひと針返し縫いをして玉止めをする。キットの下部分をはめる。

3 でき上がり。

memo

キットで簡単に
サイズは限られますが、くるみボタン専用のキットを使えば簡単。

普通のボタンを包む場合

1 "中央が窪んだ、普通のボタン"を用意する。

2 外回りをぐし縫いする。ボタンの窪みのある方を表にして中に入れ、糸を引く。

memo

ボタンと布のサイズ
ボタンの直径をAcmとして、用意する布をBcmとします。"Bcm＝Acm×2"。直径2cmのボタンを使ってくるみボタンを作るときは、直径4cmの布を用意しましょう。

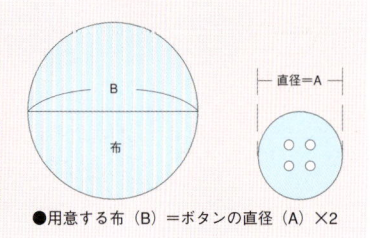

●用意する布（B）＝ボタンの直径（A）×2

Part.1 Basic Sewing

accessories

3 糸をぎゅっと引いて玉止めをする。ボタンの外回りより0.1cmくらい控えて針を出す。

4 図のように針を進める。

5 中心に2〜3度糸をかけ、糸を止める。

1出　3出
上下逆にする
3出　2入　　5出　4入

6 でき上がり。

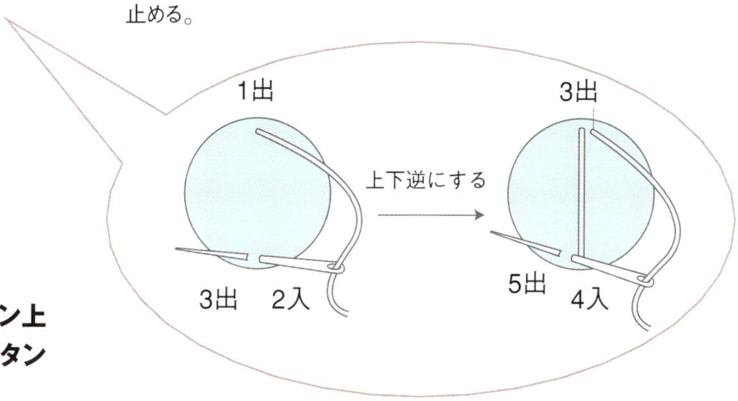

飾りボタン

実際にあきがなく、"留める役割"がない。デザイン上でアクセントとして付けるボタンのことを飾りボタンといいます。

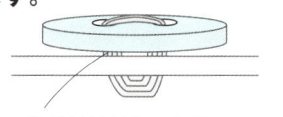

糸足は付けないので糸足に巻き付ける必要もない

ボタンの重みで下がってしまうので、糸足は付けません。

力ボタン

布の裏側に付ける小さなボタンが"力ボタン"。厚めの布にボタンを付けるときに布地を痛めないよう、力ボタンを裏側に一緒に付けます。

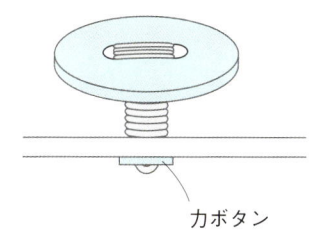

力ボタン

基本のボタンを付けるときと同じ方法。糸足を2〜3回渡すときに布の裏側に力ボタンを付けます。

memo

どんなときに？
オーバーコートやジャケットなど着用時にボタンに力がかかるものや、布地の荒い服地に力ボタンを。またボタン付け糸が丈夫すぎると、糸が切れずに布ごとボタンが引きちぎられ、布に穴があくことがあります。修繕しづらくなるので注意！

Let's enjoy Sewing

How to attach
ボタンホール

ミシンで作るボタンホールと、糸でかがる穴かがりの方法をマスターしましょう。

ボタンホールの寸法

ボタンは形や素材にさまざまな種類があるので、最初はまず別布でボタンホールのサイズを試してから作ります。

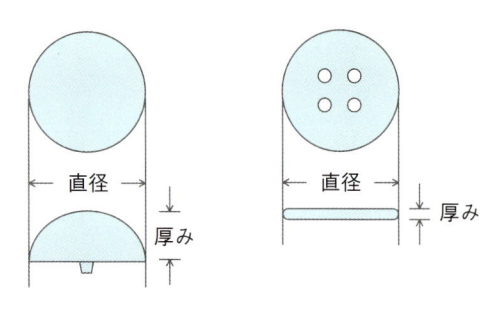

●ボタンホールの寸法＝ボタンの直径＋ボタンの厚み

memo

例えば

直径2cm、厚みが0.5cmのボタンがあります。ボタンホールの寸法は、"2cm+0.5cm＝2.5cm"。ただし、真珠型ボタンなどは、ボタンホールをくぐりやすいので別布で寸法を試して下さい。

ボタンホールの位置

型紙にボタンホールの位置が付いていないときや、オリジナルでボタンを付けるときなどの参考に。一番上と下のボタン付け位置を決め、その間は等間隔で付け位置を決めます。

横穴の場合

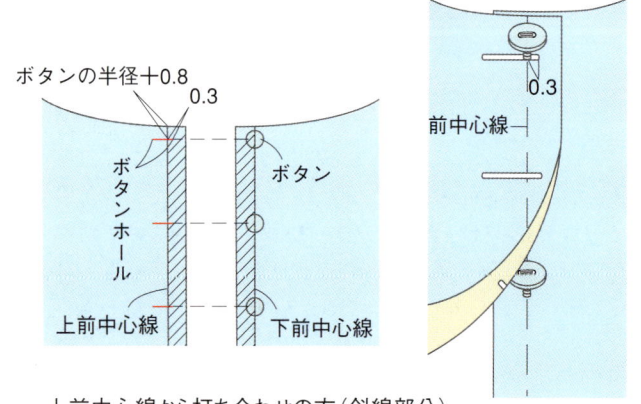

上前中心線から打ち合わせの方（斜線部分）へ、0.3cm延長したところから横にボタンホールの寸法をとる。

縦穴の場合

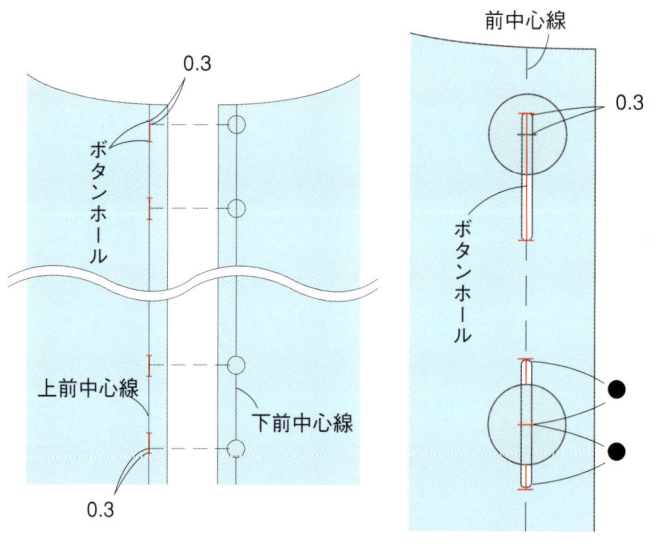

1番上は、ボタン付け位置より0.3cm上側から下にボタンホールの寸法をとる。間は、ボタン付け位置を中心にして上下に寸法をとり、1番下は、ボタン付け位置より0.3cm下側から上にボタンホールの寸法をとる。

accessories

ボタンホールの作り方

ジグザグミシンで作るボタンホール。便利なアタッチメントを使用すれば簡単。細かい"振り幅"でジグザグをしながら縫い進めます。ここでは手縫いで作る"眠り穴ボタンホール"を説明します。使用する糸は地縫いの糸の番手よりも20番くらい太い糸を使用しましょう。

ミシンの場合

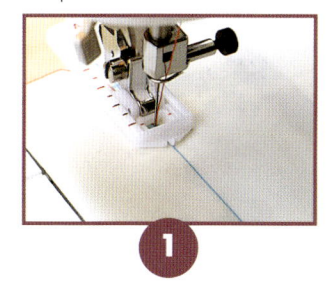

1 ボタンホール押さえをセットし、縫いはじめの印に針を落として押さえ金を下ろす。

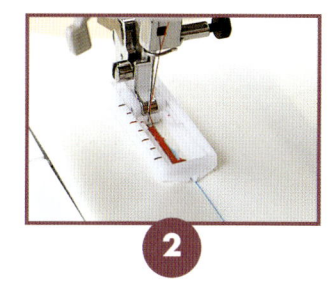

2 ジグザグを縫う"振り幅(例：0.2cm)"の倍の"振り幅(例：0.4cm)"で、2～3回縫いはじめを重ね縫いし(止めの役割)、ジグザグの幅を0.2cmに戻して縫い進める。

3 片側が縫えたら、倍の"振り幅"で止め、針を刺したまま押さえ金を上げて布を回転させ、もう片側を縫う。待ち針をストッパーにし、リッパーで穴をあける。

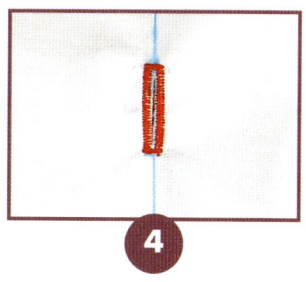

4 でき上がり。カットしたところには裏から"ほつれ止め液"を付けておくとよい。

手縫いの場合

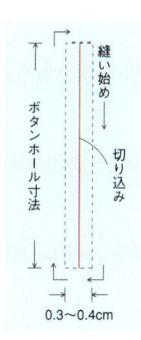

1 ボタンホールの大きさに、細かい針目でミシンをかける。最後は2～3針重ね縫いをし、中心に切り込みを入れる。
*ほつれやすい布地の場合は、中もミシン縫いで埋めて中心に切り込みを入れる。

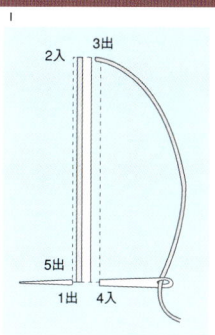

2 ミシン目の内側のきわに数字の順に糸を渡す。

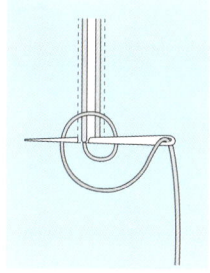

3 糸をわにし、切り込みの下からミシン目の外ぎわに出した針にかけ、斜め上向きに糸を引く。引き終わりは、結び玉が穴のところにくるように、強く引く。

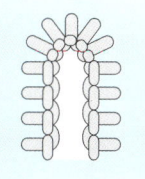

4 3を繰り返し、角になったら放射状になるようにかがる。布を逆さにし、もう片側もかがる。

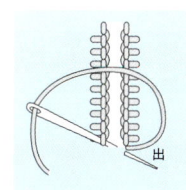

5 最後までかがったら、最初のかがり目をすくう。針を切り込みの間から最後のかがり目のきわに出す。

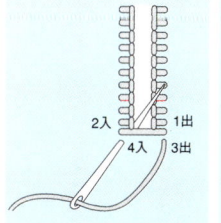

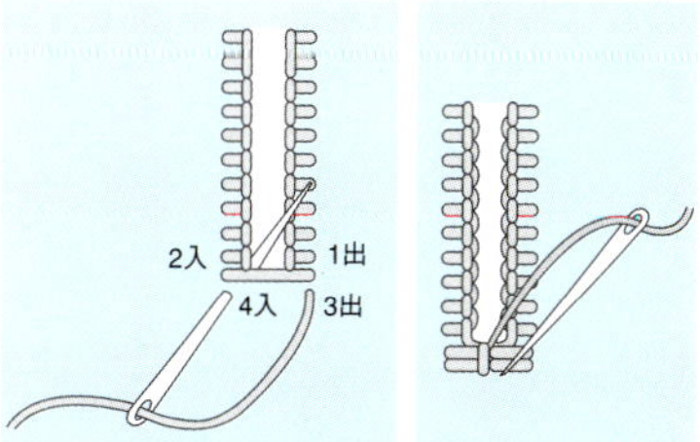

6 穴かがりの幅に揃えて数字順に糸を渡す。穴から針を出し、縦に2本糸を渡して裏に針を出す。

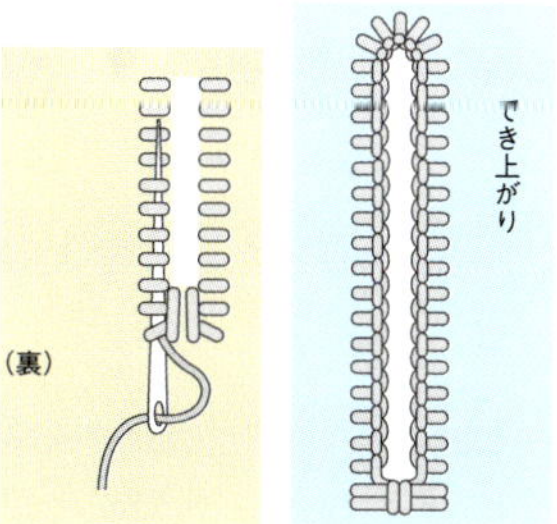

7 布を裏返して糸の間をくぐらせ、返し縫いをして止め、糸を切る。

Part.1 Basic Sewing

How to attach

スナップ、ホック

Let's enjoy Sewing

ボタンと同様、使用頻度の高いスナップとホック。

スナップの付け方

ボタンよりも簡単に止めはずしができるスナップ。凸は上前、凹は下前に付けます。

1 スナップを付ける中心位置に印を付け、布の裏から待ち針を出す。1本どりにした糸は玉結びを作り、一針すくって中心から出す。

2 凹の中心の穴を、裏から出した待ち針に通す（ずれ防止）。手前の穴のすぐ下から布をすくって針を穴から出し、糸をわになるようにかけて斜め上に引く。

3 きれいに糸がかかるよう、同様に繰り返す。次の穴へ移るときは針を裏側へ出し、穴の手前側から針を表に出す。

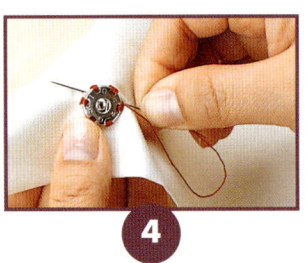

4 全部の穴をかがり、玉止めをする。

5 スナップの下を通して反対側へ針を出し、玉止めをスナップの下へ入れて糸を切る。

6 でき上がり。

memo　ファスナップとマジックテープ

子供服やシニア向けの服には着脱が簡単なもので止めた服が実用的。ファスナップ（P.11参照）は、テープ状の布にスナップが付いたもの。左右のテープぎわをミシンで縫ってとめ付けます。ひとつひとつスナップを付ける手間もかからず、丈夫で便利。マジックテープはミシンで縫うものと、アイロンで接着できるタイプがあります。

かぎホックの付け方

かぎホックには大きなものと小さなものがあります。重ねたとき、上前になる方を"フック"、下前になる方を"アイ"といいます。

大きいホックの場合

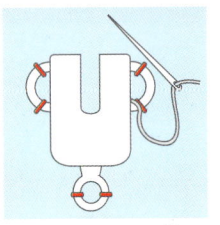

1 かぎホックが歪んで付いてしまわないように仮止め（P.51参照）をし、穴の内側から針を出す。

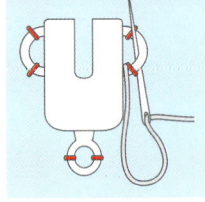

2 同じ糸で続けて外側から針を入れて布をすくい、ワイヤーの内側から針を出す。

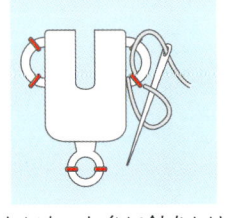

3 わになった糸に針をかけ、斜め下に糸を引く。

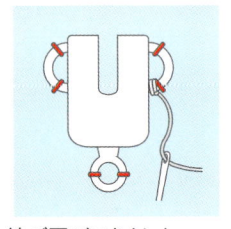

4 結び玉ができました。

Part.1 Basic Sewing

accessories

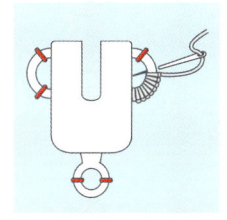

5 結び玉のすぐ横に針を入れ、きれいに糸がかかるよう、同様に繰り返す。

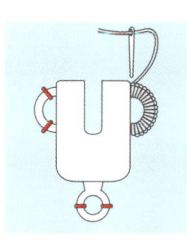

6 終わりまできたら、次の穴に針を出す。1～4を繰り返す。

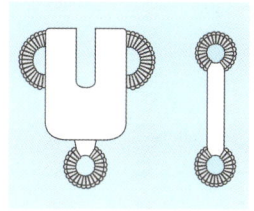

7 でき上がり。

小さいホックの場合

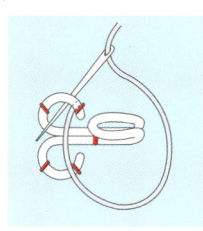

1 1本どりにした糸は玉結びを作って仮止めをし、穴の内側へ出るように布の裏側から針を出す。

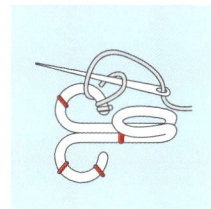

2 外側へ針を入れ、わになった糸に針をかけ、繰り返す。

memo

仮止めで"ズレ防止"
せっかく上手にホックを付けても、でき上がったらずれていた！なんてことがないように、仮止めをします。玉結びをし、イラストのように針を進めて止め、そのままの糸で続けてかがっていきます。

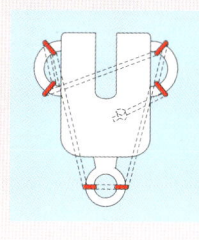

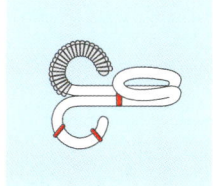

3 きれいに糸がかかるよう、同様に繰り返す。

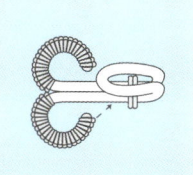

4 かぎ部分に2～3回糸をかけて針を裏側へ出す。玉止めをする。

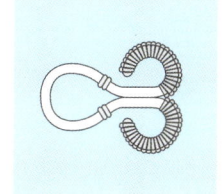

5 もう片方も、同要領でかがる。

かぎホックの付け位置

大きなかぎホックはスカートやパンツのベルトの止めに。小さなホックはワンピースの後ろあきの止めなどに。

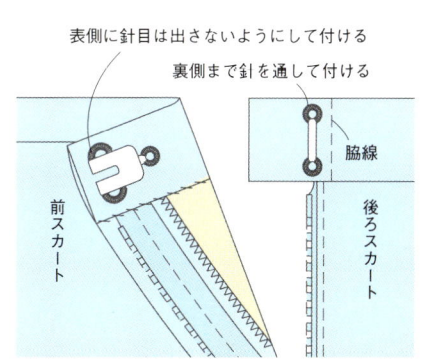

表側に針目は出さないようにして付ける
裏側まで針を通して付ける
脇線
前スカート
後ろスカート

ファスナーの真上にホックがくるように。

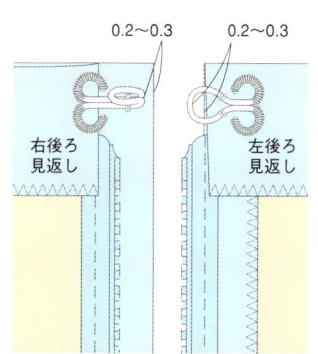

0.2～0.3　0.2～0.3
右後ろ見返し
左後ろ見返し

アイを0.2～0.3cm出し、フックを引っ込める。ファスナーを閉めたときにすきまがあかないように注意する。

Part.1 Basic Sewing

How to attach
かんぬき止めとループ

かぎホックの"アイ"のかわりや、あきやポケットのほつれを防ぐなどの用途がある"かんぬき止め"と布で作るループをマスターしましょう。

かんぬき止め

かんぬき止めには、スカラップステッチ、ボタンホールステッチ、通しかんぬきの3つがあります。

スカラップステッチ

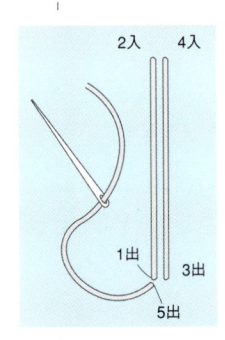

1. 1本どりにした糸は玉結びを作る。布の裏側から針を出し、数字の順に糸を渡す。 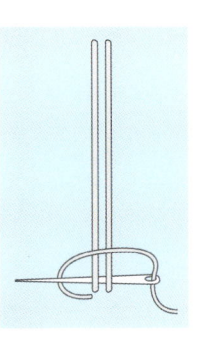
2. 2本の糸を芯にし、針先に糸をかけて引きしめる。 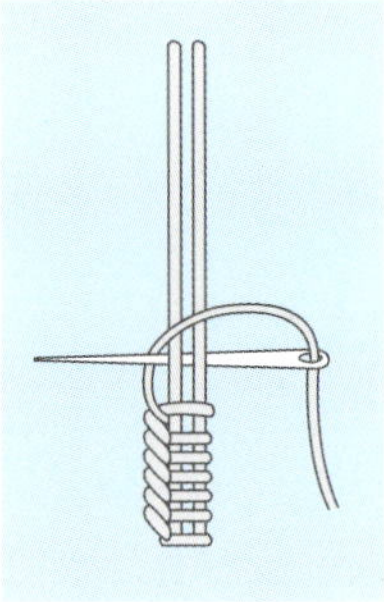
3. 下から上へ糸をかがり、繰り返していく。
4. 上までかがったら針を裏側へ出し、玉結びをして止める。

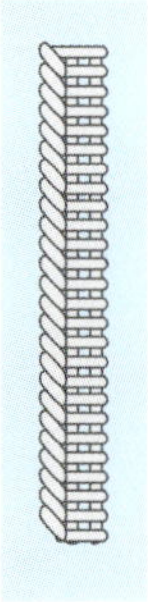

ボタンホールステッチ

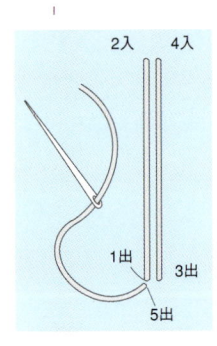

1. 1本どりにした糸は玉結びを作る。布の裏側から針を出し、数字の順に糸を渡す。 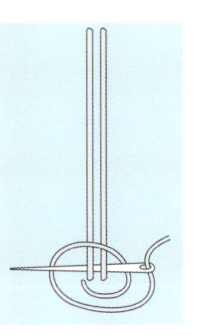
2. 2本の糸を芯にし、糸をわにして針をかけ引きしめる。 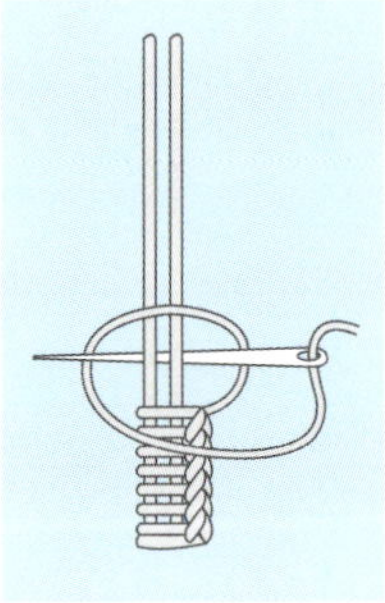
3. 下から上へ糸をかがり、繰り返していく。
4. 上までかがったら針を裏側へ出し、玉結びをして止める。

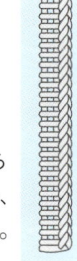

通しかんぬき

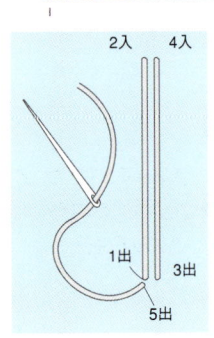

1. 1本どりにした糸は玉結びを作る。布の裏側から針を出し、数字の順に糸を渡す。 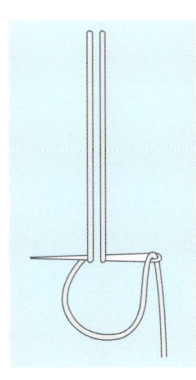
2. 1の糸と下の布を一緒にすくう。布の裏側に渡っている糸も一緒にすくうこと。
3. 上までかがったら針を裏側へ出し、玉結びをして止める。

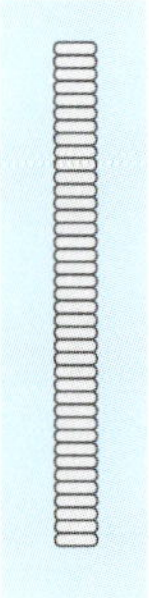

memo
それぞれどんなときに？

スカラップステッチとボタンホールステッチの方法は、かぎホックの"アイ"がわりや表スカートと裏スカートの裾をとめるときに。通しかんぬきは、下の布地を一緒にすくっていることからもわかるように、ポケット口などのあきなど"丈夫にしておきたい"ところに使用します。

accessories

布で作るボタンループ

シックなデザインをアピールしたボタン止めに共布のループを使うこともあります。

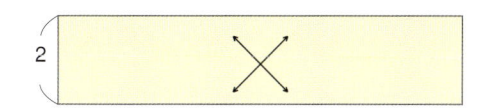

1 2cm幅のバイアステープを用意する。長さはボタンの直径＋3cmくらい多めにとる。

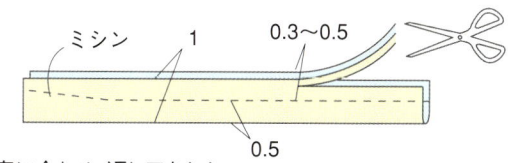

2 布は中表に合わせ、返し口をやや広めにしてミシンで縫う。縫いしろを0.3〜0.5cmに切る。

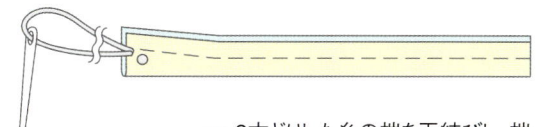

3 2本どりした糸の端を玉結びし、端を返し縫いしてしっかりとめる。

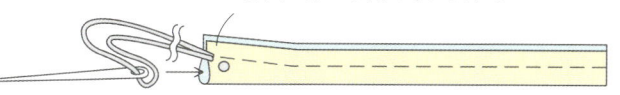

4 くぐらせた針と糸を引き出し、布を表に返す。ループのでき上がり。

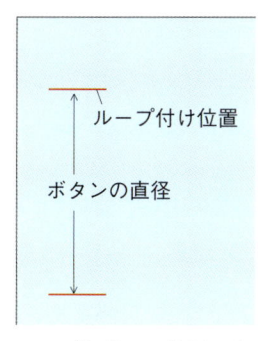

5 ループを付ける位置に印を付ける。上下の印は"ボタンの直径"。

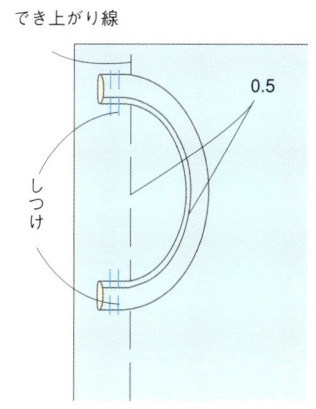

6 ループをしつけでとめる。でき上がり線から0.5cmのところにループのいちばん高い円がくるようにする。

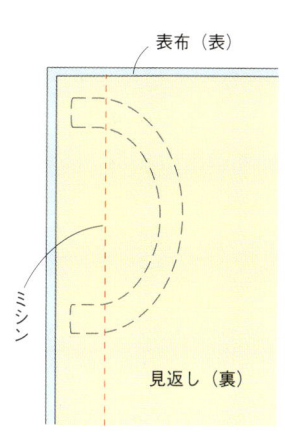

7 表布と見返しを中表に合わせ、ミシンで縫う。

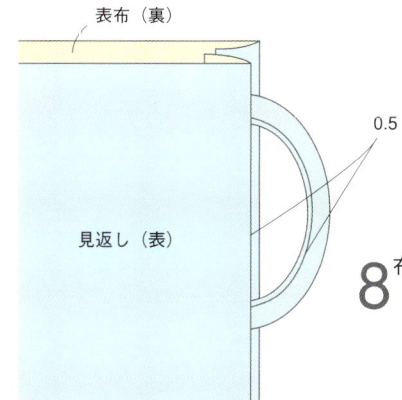

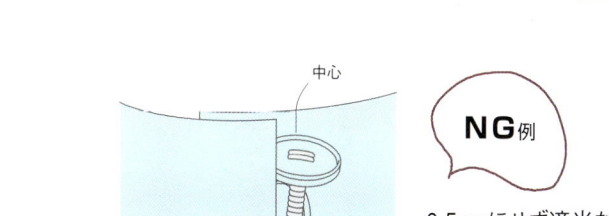

8 布を返す。でき上がり。

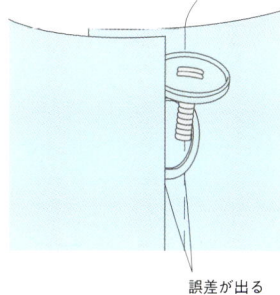

NG例

0.5cmにせず適当なゆるみにすると、ボタンをかけたときに中心が合わなくなります。誤差がでるので注意。

How to attach
ファスナーの付け方

"ファスナー付けは苦手"と思い込んでいる人は多いようです。
コツをのみ込み挑戦してみましょう。

エフロンファスナーの付け方

一般的に使われることが多いエフロンファスナー。用途も選びません。押さえ金は"ファスナー押さえ"に付けかえましょう。

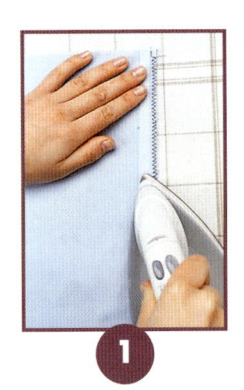

memo
ファスナーの名称

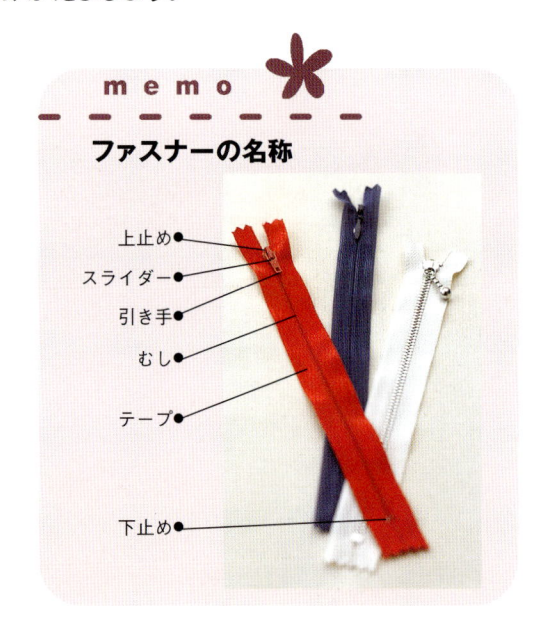

- 上止め
- スライダー
- 引き手
- むし
- テープ
- 下止め

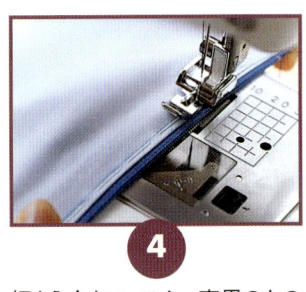

1 上前(裏)の縫いしろに、あき止まりから1〜2cm下まで熱接着伸び止めテープを貼る。

2 布を中表に合わせ、あき止まりから下まででき上がり線にミシンをかける。下前の縫いしろを0.3cm出し、アイロンをかけて押さえる。上前はでき上がり線通りに折ってアイロンをかける。

3 スライダーの開閉時に布端がこすれない分だけはなし、待ち針で下前にファスナーをとめる。しつけをかける。

4 押さえ金をファスナー専用のものに付けかえる。ファスナーを開けたままの状態で、ミシンで縫う。

5 スライダーの近くまでできたら、針を落としたまま押さえ金を上げ、目打ちを使ってスライダーを針の後ろ側へ動かす。

6 ファスナーを閉め、上前を下前印に合わせて乗せ、待ち針で止める。表からしつけをし、ミシンをかける。

7 ファスナーの端は、縫いしろのみにミシンで止める。

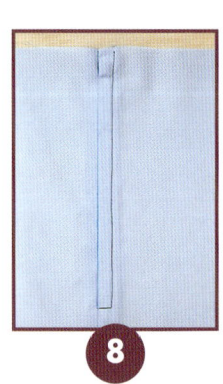

8 でき上がり。下前で0.3cm出し、その上に上前がかぶるので、ファスナーがきれいに付きました。

Part.1 Basic Sewing

accessories

コンシールファスナーの付け方

閉めたときに縫い目と同じように見え、ファスナーが見えないコンシールファスナー。ミシンの押さえ金は、専用のものに付けかえます。

1 ファスナーの表側に両面接着テープを貼る。

2 しつけ（粗い目のミシンでもよい）をファスナー止まりまでかける。普通目にして返し縫いをし、下までミシンをかける。

3 縫いしろをアイロンで割る。

4 ファスナーを開き、片方の断面をミシン目の真上に合わせ、テープをはがして貼る。ファスナーを閉じ、もう片方も貼る。しつけをはずす。

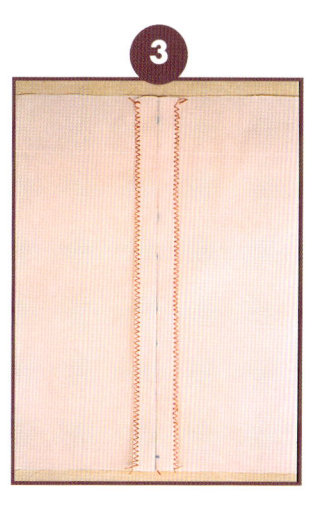

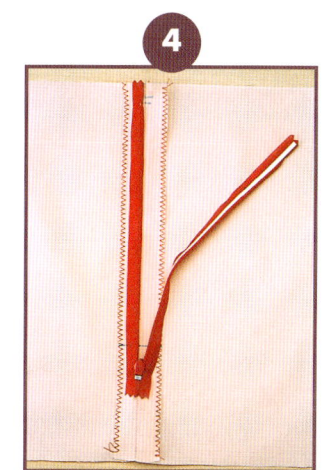

5 コンシールファスナー専用の押さえ金に付けかえ、ムシを起こして溝に通しながら、あき止まりまで縫う。

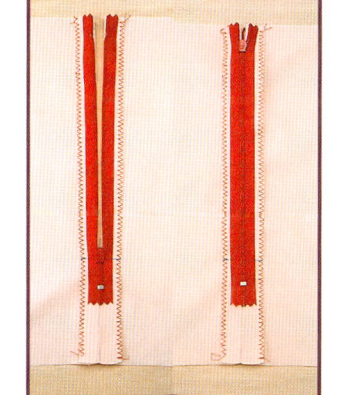

6 ファスナーが付きました。ファスナーの端を縫いしろのみにミシンでとめる。

7 下止めの金具をあき止まりまで引き上げ、ペンチでしっかりとめる。

8 でき上がり。ファスナーを閉じると、ミシンの縫い目のように見えます。

Part.1 Basic Sewing

Let's enjoy Sewing

Part.2 | Partial Sewing

Collar

衿

数えきれないくらいの種類がある"衿"。
本書では一般的によく作られる人気の高いもの、
なおかつ初心者向けに作りやすい衿を中心にご紹介します。
ラウンドネックを覚えたら、
応用としてVネックやスクエアネックなどの作り方も理解できることと思います。
ショールカラー、テーラーカラー、スタンドカラーと難しいものもありますが、
ぜひチャレンジして下さい。

The point of collar attachment
衿付けのポイント

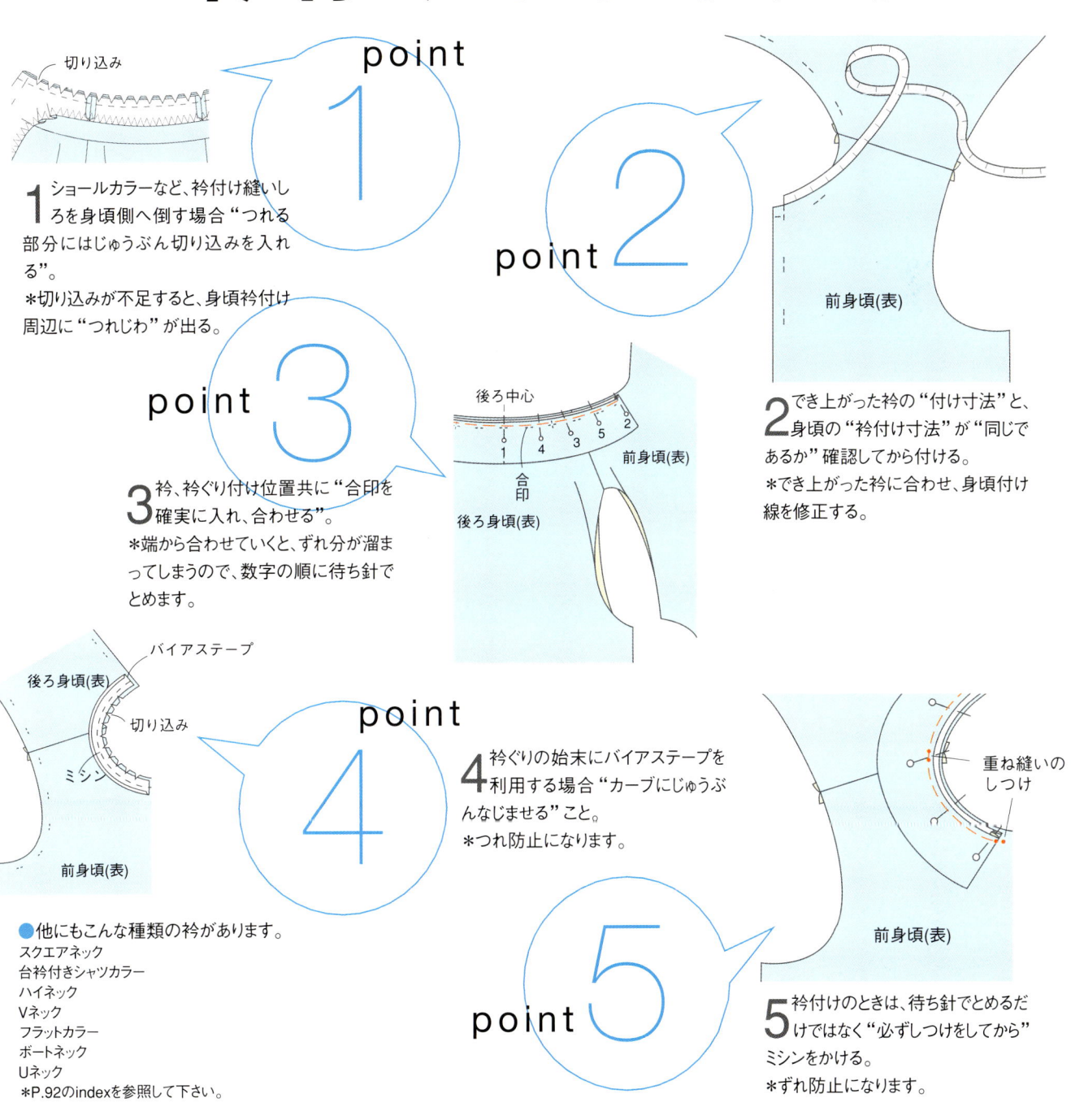

point 1

切り込み

1 ショールカラーなど、衿付け縫いしろを身頃側へ倒す場合"つれる部分にはじゅうぶん切り込みを入れる"。
＊切り込みが不足すると、身頃衿付け周辺に"つれじわ"が出る。

point 2

前身頃(表)

2 でき上がった衿の"付け寸法"と、身頃の"衿付け寸法"が"同じであるか"確認してから付ける。
＊でき上がった衿に合わせ、身頃付け線を修正する。

point 3

後ろ中心
1 2 3 4 5
合印
後ろ身頃(表)　前身頃(表)

3 衿、衿ぐり付け位置共に"合印を確実に入れ、合わせる"。
＊端から合わせていくと、ずれ分が溜まってしまうので、数字の順に待ち針でとめます。

point 4

後ろ身頃(表)
バイアステープ
切り込み
ミシン
前身頃(表)

4 衿ぐりの始末にバイアステープを利用する場合"カーブにじゅうぶんなじませる"こと。
＊つれ防止になります。

point 5

重ね縫いのしつけ
前身頃(表)

5 衿付けのときは、待ち針でとめるだけではなく"必ずしつけをしてから"ミシンをかける。
＊ずれ防止になります。

●他にもこんな種類の衿があります。
スクエアネック
台衿付きシャツカラー
ハイネック
Vネック
フラットカラー
ボートネック
Uネック
＊P.92のindexを参照して下さい。

Let's enjoy Sewing

57　Part.2 Partial Sewing

年齢・性別・流行に捉われない基本のネックラインです。見返しによる始末が最もラインの美しさを表現します。

スポーティーなデザインや洗濯の激しい場合にはラインにそってミシンをかけたり、バイアステープでくるんだりTシャツのふち取りのようにミシンで押さえて丈夫にします。

（ラウンドネック）

基本の衿ぐり。"丸首"のものの総称でどんな人にも似合います。見返しを縫い付けて表へ返す作り方。ラインをかえてVネックやスクエアネックの作り方にも応用できます。

1 見返しと接着芯を裁断する

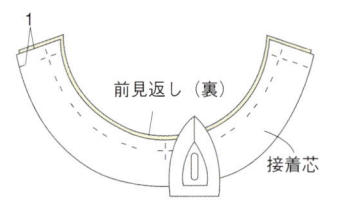

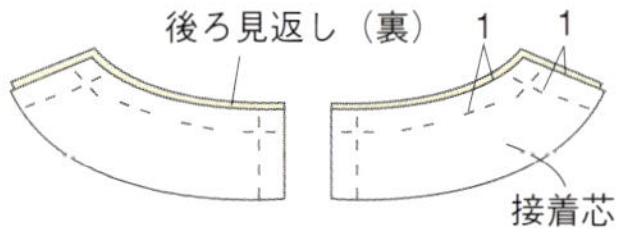

やや多めの縫いしろを付けて見返しと接着芯を裁断する。見返しの裏に接着芯を貼ってから印を付け、縫いしろを図の寸法に整える。

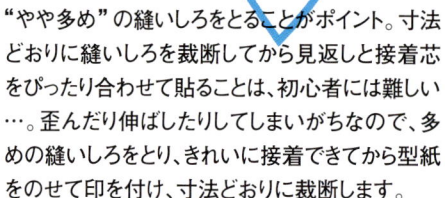

前見返し（裏）
接着芯
後ろ見返し（裏）
接着芯

Point!

"やや多め"の縫いしろをとることがポイント。寸法どおりに縫いしろを裁断してから見返しと接着芯をぴったり合わせて貼ることは、初心者には難しい…。歪んだり伸ばしたりしてしまいがちなので、多めの縫いしろをとり、きれいに接着できてから型紙をのせて印を付け、寸法どおりに裁断します。

2 見返しの肩線を縫う

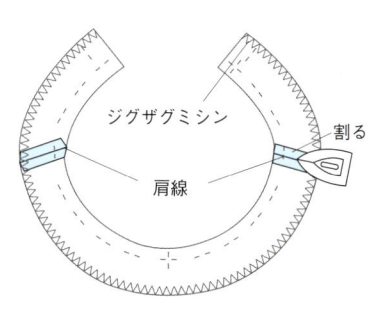

ジグザグミシン
肩線
割る

前後の見返しを中表に合わせ、肩線を縫う。縫いしろをアイロンで割り、外回りにジグザグミシンをかける。

3 身頃と見返しを縫い合わせる

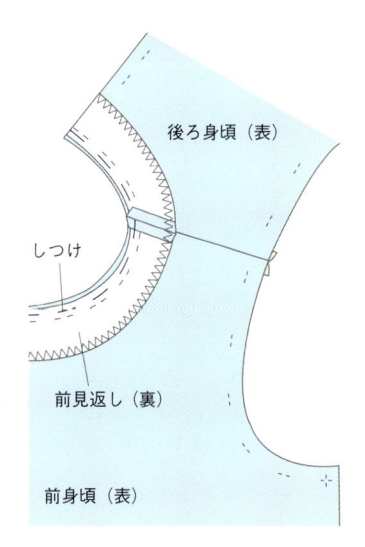

後ろ身頃（表）
しつけ
前見返し（裏）
前身頃（表）

ミシン
0.3手前
0.8

1 肩線を縫い合わせた身頃と、2の見返しを中表に合わせる。待ち針でとめ、印よりもやや縫いしろ側にしつけをする。

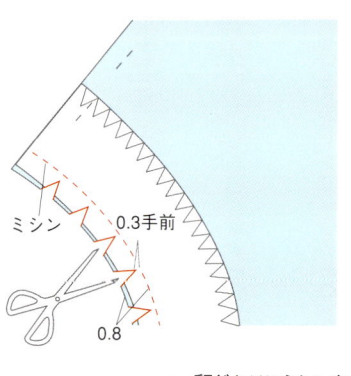

2 印どおりにミシンをかけ、縫いしろを0.8cmに切る。カーブの強いところに切り込み（ミシンで縫った線から0.3cmくらい手前まで）を入れる。

Round Neck

Let's enjoy Sewing

4 見返しを返す

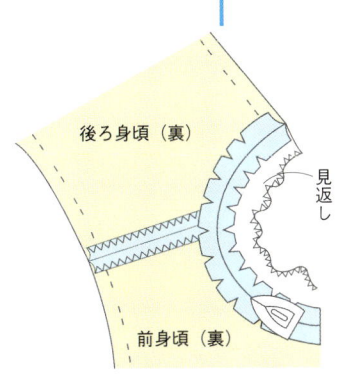

1 ミシン目をアイロンで割る。

Point!
アイロンで割らずに次の工程で見返しを表に返すと、でき上がりの衿ぐりが薄くなってしまうので注意。

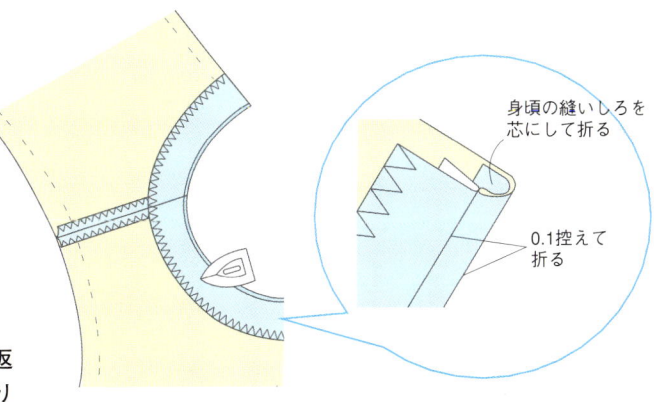

2 見返しが表から見えないよう"0.1cm控えて"折る。

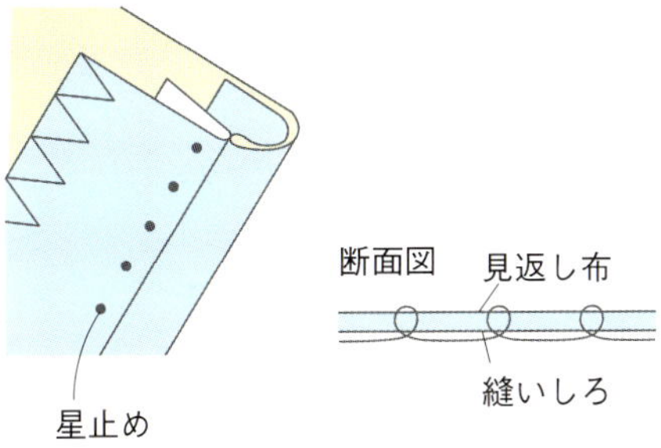

身頃の縫いしろを芯にして折る

0.1控えて折る

後ろ身頃（裏）
見返し
前身頃（裏）

断面図　見返し布　縫いしろ

星止め

3 見返しと縫いしろだけに星止めをする。

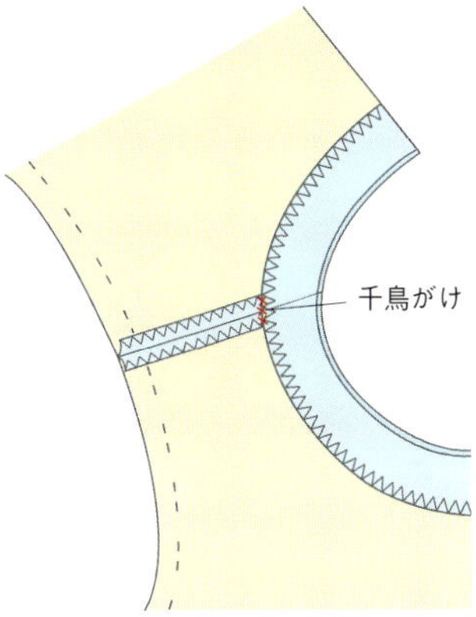

千鳥がけ

4 身頃の肩線の縫いしろに、見返しを千鳥がけでとめる。

Vネックの場合

1 Vネックの場合は、バイアス地になる箇所が多いので伸びないように"接着芯"を貼る。Vネックの先端には、切り込みを入れるので"ほつれ防止"のために細かい針目でミシンをかけておく。

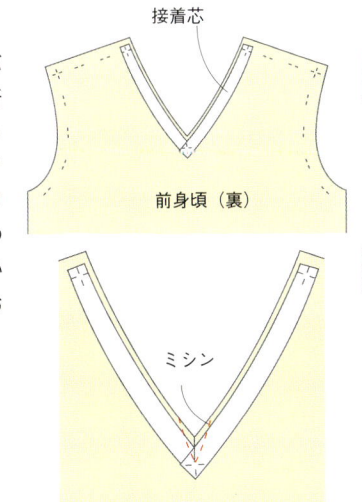

接着芯
前身頃（裏）
ミシン

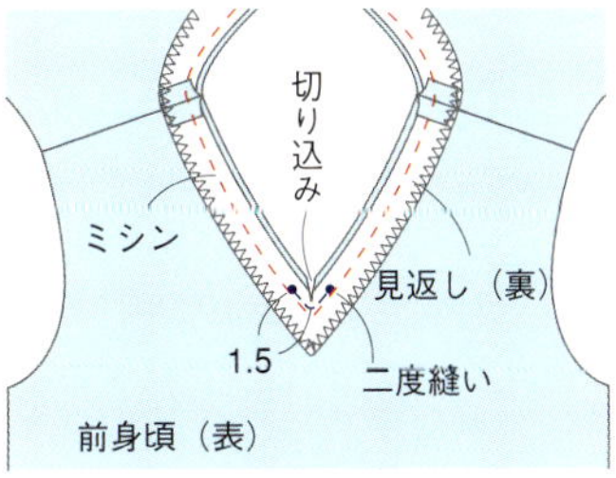

2 肩線を縫い合わせた見返しと身頃を中表に合わせて衿ぐりを縫い（Vの先端のみ二度縫い）、先端に切り込みを入れる。

切り込み
ミシン
見返し（裏）
1.5
二度縫い
前身頃（表）

スクエアネックの場合

スクエアネックの場合もVネックと同様、"角の部分にほつれ防止のミシン"をかけ、二度縫いしてから切り込みを入れる。

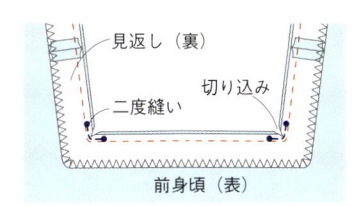

見返し（裏）
二度縫い
切り込み
前身頃（表）

Part.2 Partial Sewing

写真の衿腰の高さが一般的です。衿腰を低くする程、幼さ・初々しさが増します。

衿腰を高くしたり、前衿付け位置を下げるとアダルトな雰囲気を演出できます。

（ショールカラー）

衿腰（首にそって立っている部分）があり、折り返っている衿の総称。衿幅、衿腰、衿先を変えるだけで幅広い年齢層に人気の基本的衿です。

1 衿を裁断し、接着芯を貼る

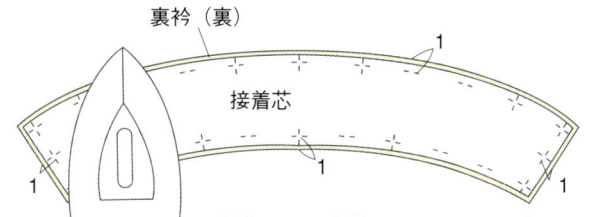

裏衿（裏）
接着芯
1

表衿は1cm、裏衿には1cmよりやや多めの縫いしろを付けて裁断する。裏衿は、裏側に接着芯を貼ってから裁断し、印を付ける。

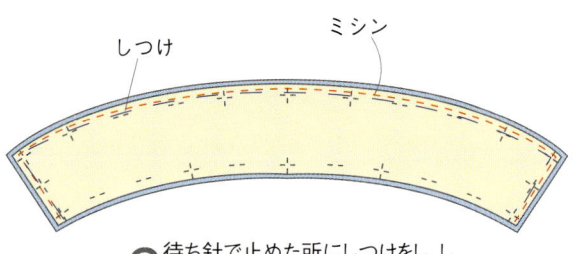

しつけ　ミシン

2 待ち針で止めた所にしつけをし、しつけの外ぎわ（0.1cmくらい）にミシンをかける。

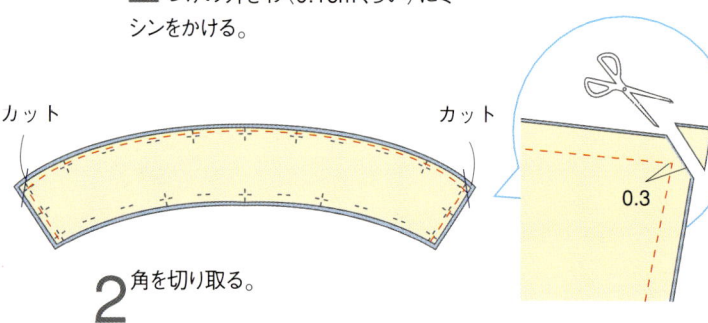

カット　カット

2 角を切り取る。

2 外回りを縫う
（衿外周にステッチなし）

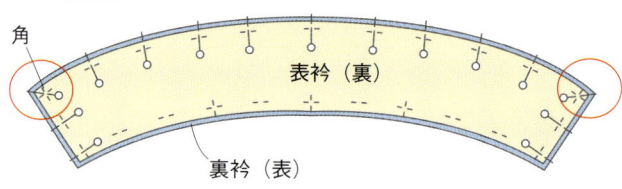

角　表衿（裏）
裏衿（表）

1 表衿と裏衿を"中表"に合わせる。"表衿は印から0.1cm外側"・"裏衿は印から0.1cm内側"・"角は印どおり"で合わせて待ち針でとめる。

3 縫いしろを整える

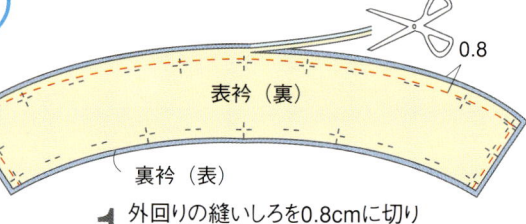

0.8
表衿（裏）
裏衿（表）

1 外回りの縫いしろを0.8cmに切り揃える。

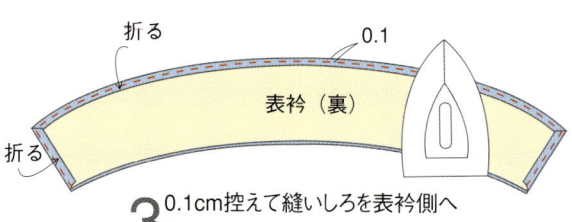

0.3

折る　0.1
表衿（裏）
折る

3 0.1cm控えて縫いしろを表衿側へ折り、しっかりとアイロンをかける。

Shawl collar

Let's enjoy Sewing

4 衿を返す

0.1控える
裏衿（表）

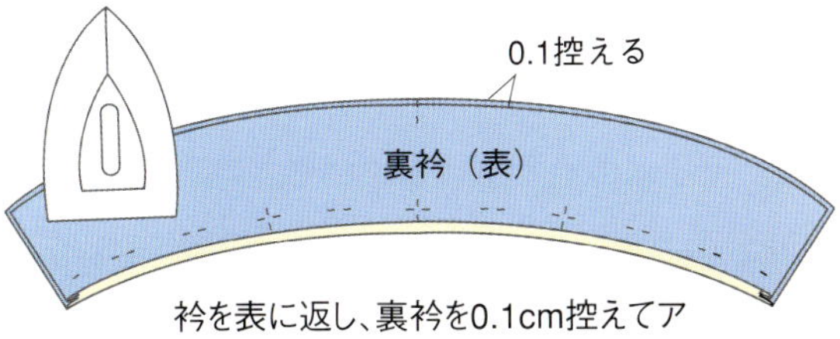

衿を表に返し、裏衿を0.1cm控えてアイロンをかける。

後ろ身頃（表）
割る
後ろ見返し
前身頃（表）
前見返し

切り込み
身頃と見返しで衿をはさむ
ミシン
見返し
表衿
後ろ身頃（表）

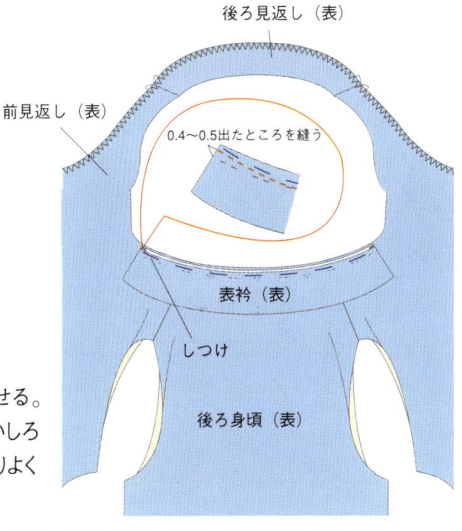

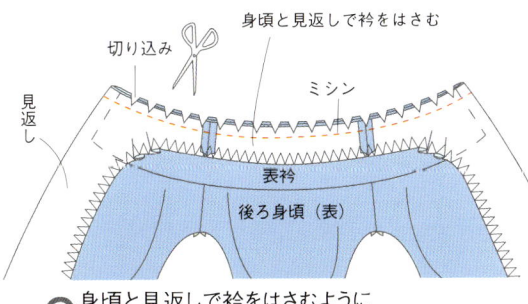

2 身頃と見返しで衿をはさむようにし、ミシンをかける。ミシン目の0.3cm手前まで切り込みを入れる。

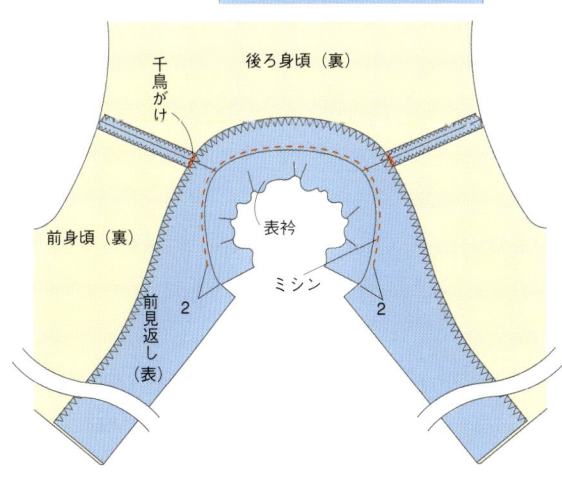

5 見返しに接着芯を貼り、肩線を縫う

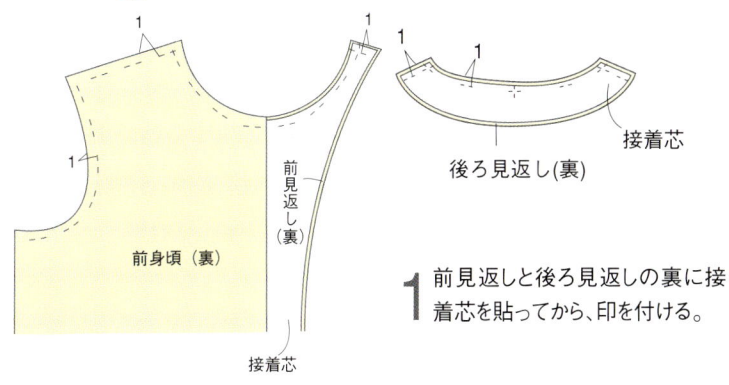

前見返し（裏）
前身頃（裏）
接着芯
後ろ見返し（裏）
接着芯

1 前見返しと後ろ見返しの裏に接着芯を貼ってから、印を付ける。

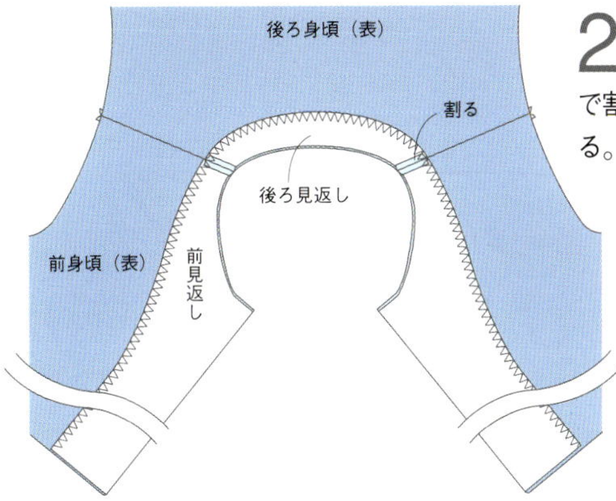

2 身頃の肩線を縫う。前見返しと後ろ見返しの肩線を縫い、アイロンで割る。外回りにジグザグミシンをかける。

6 衿を付ける

後ろ見返し（表）
前見返し（表）
0.4～0.5出たところを縫う
表衿（表）
しつけ
後ろ身頃（表）

1 見返しを上に上げ、衿を乗せる。左衿だけ、印より0.4cm縫いしろ側に出し、合印を合わせ、つながりよくしつけをする。

後ろ身頃（裏）
千鳥がけ
前身頃（裏）
表衿
前見返し（表）
ミシン

3 見返しを返し肩の縫いしろに千鳥がけでとめ付ける。
見返しの衿ぐりには、縫いしろを落ち着かせるために表からステッチをかける。

Part.2 Partial Sewing

Vゾーンの深さや、衿の大きさ、衿の切り込み（ノッチ）の形などは流行により大きく変わります。

仕立て屋さんの紳士ジャケットのテーラーカラーからシャツやブラウス・パジャマの開衿まで様々なスタイルに幅広く利用されています。

（テーラーカラー）

紳士背広服などに見られる衿の総称。開衿、オープンカラーなども見た目は似ていますが、作り方がいろいろあります。

1 衿を裁断する

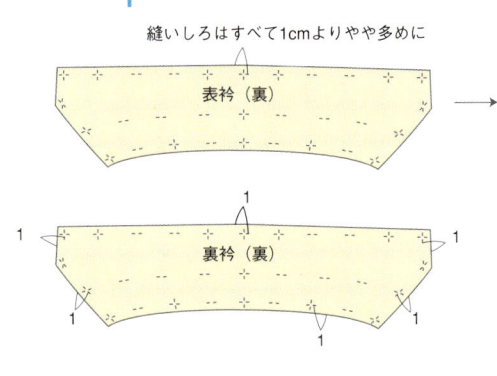

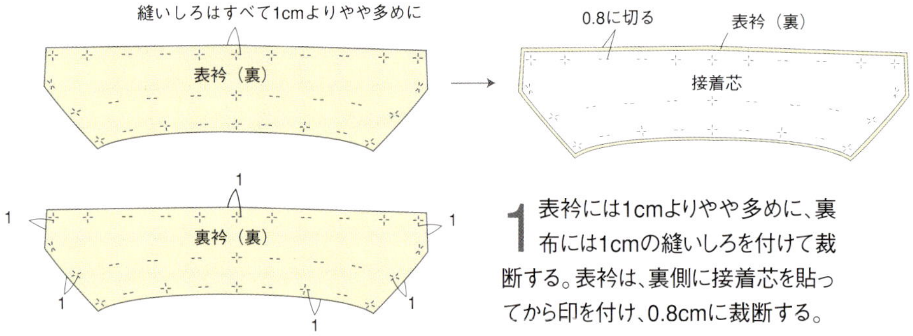

縫いしろはすべて1cmよりやや多めに

表衿（裏）　0.8に切る　接着芯

裏衿（裏）

1. 表衿には1cmよりやや多めに、裏布には1cmの縫いしろを付けて裁断する。表衿は、裏側に接着芯を貼ってから印を付け、0.8cmに裁断する。

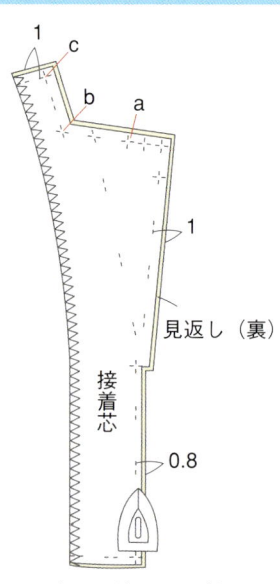

見返し（裏）　接着芯　0.8

2. やや多めの縫いしろを付けた見返しに接着芯を貼り、印を付けて図の寸法に裁断する。

2 表衿と見返しを縫う

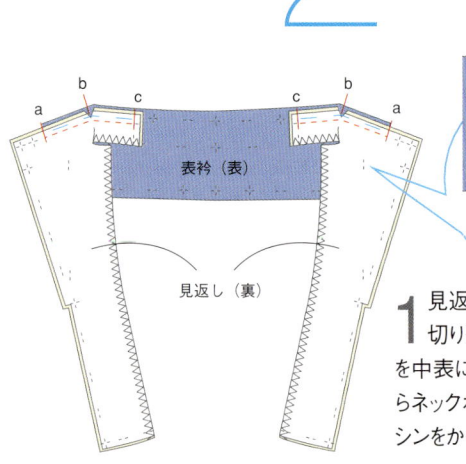

b 見返しのみ切り込み

表衿（表）　見返し（裏）

1. 見返しの角（b）に縫いしろの半分切り込みを入れる。見返しと表衿を中表に合わせ、衿付け止まり（a）からネックポイント（c）までしつけをし、ミシンをかける。

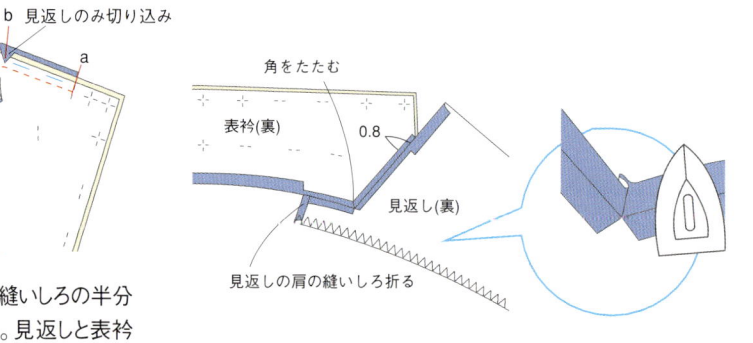

角をたたむ　表衿（裏）　0.8　見返し（裏）　見返しの肩の縫いしろ折る

2. 見返しを左右に開き、ミシンをかけた部分の縫いしろを0.8cmに切る。アイロンで割る。

Tailor collar

Let's enjoy Sewing

3 身頃と裏衿を縫う

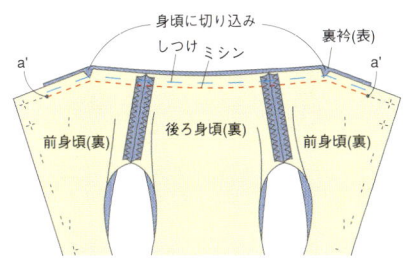

1 前身頃と後ろ身頃の肩線を縫い合わせ、縫いしろをアイロンで割る。身頃と裏衿を中表に合わせ、左右の"衿付け止まり（a'）"までしつけをし、ミシンをかける。

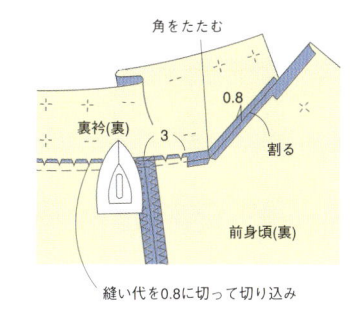

2 ミシンをかけた部分の縫いしろを0.8cmに切る。縫いしろがつれる箇所には切り込みを入れる。アイロンをかける。

4 身頃側と見返し側を縫う

1 角がしっかりと合うように待ち針でとめ、縫いしろ側にしつけをかける。

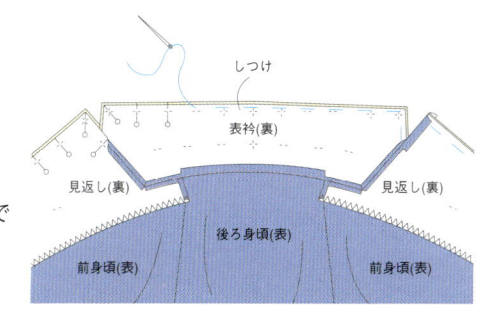

2 見返し、衿の外回りを縫う。

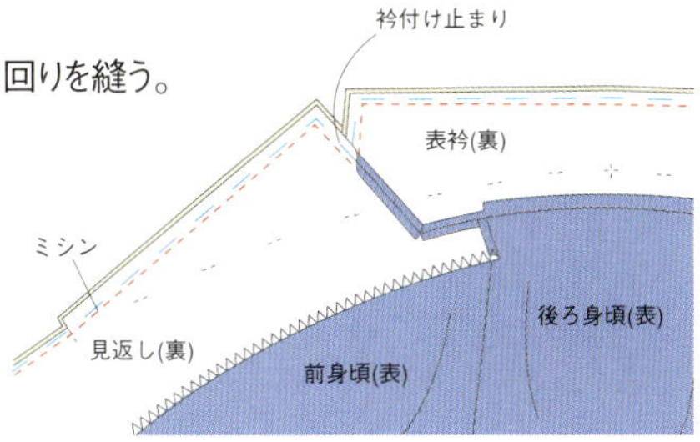

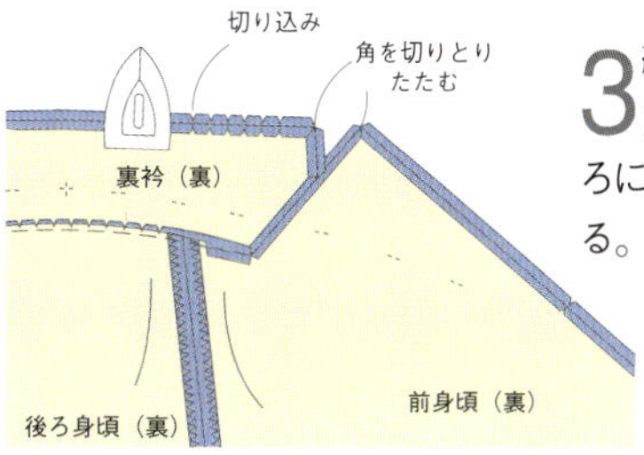

3 縫いしろを0.8cmに切り揃える。角は切り取ってたたみ、つれるところに切り込みを入れる。アイロンで割る。

5 衿と見返しを表へ返し、まつる

1 衿と見返しを表へ返す。"折先より上側"は身頃を0.1cm、"折先より下側"は見返しを0.1cm控えてアイロンをかける。

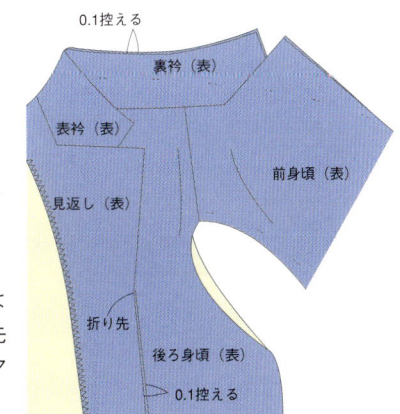

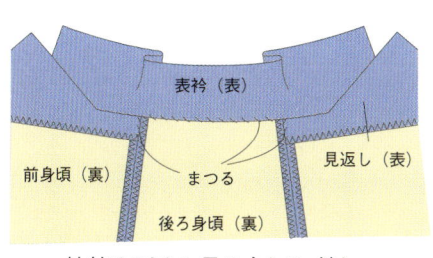

2 衿付けのミシン目に合わせ、衿と見返しの一部をまつる。

Part.2 Partial Sewing

立ち衿、チャイナカラー、バンドカラー、マオカラー、詰め衿などいろいろな呼び名がある。ロールカラーは幅広のスタンドカラーを折り返したもの。首の保温や首筋を隠すデザインにも効果的。

首の短い人はスタンドカラーを敬遠しがち。衿付け位置を大きくし、衿のカーブを強くすると、衿が寝て首がスッキリ見えます。

（スタンドカラー）

首に沿って立っている衿の総称を"スタンドカラー"といいます。作品は後ろあきのスタンドカラー。前あきの場合も衿の付け方は同じです。

1 衿を裁断し、印を付ける

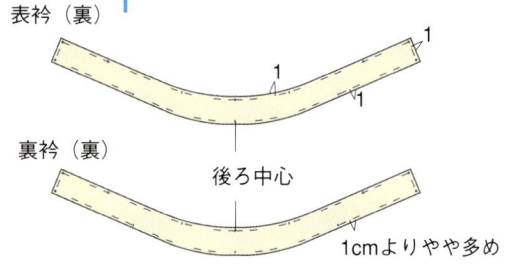

表衿（裏）
裏衿（裏）
後ろ中心
1cmよりやや多め

1 表衿は1cm、裏衿は1cmよりやや多めの縫いしろを付けて裁断する。

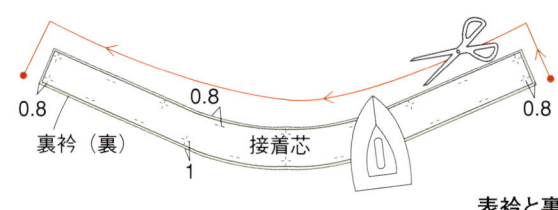

裏衿（裏）　接着芯　0.8

2 裏衿の裏に接着芯を貼る。接着芯を貼ってから印を付け、外回りの縫いしろのみ0.8cmに切る。

Point!
表衿と裏衿の縫いしろには、0.2cmの差を。次の工程で"裁ち切りに揃えて縫う"と、表衿の0.2cm分が自然に裏衿側へ控えられ"きせ"がかかります。

2 衿の外回りを縫う

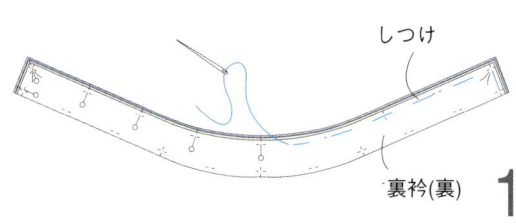

しつけ
裏衿（裏）

1 衿を中表にして合印を合わせる。衿の外回りの裁ち切りを合わせ"しつけ"をする。

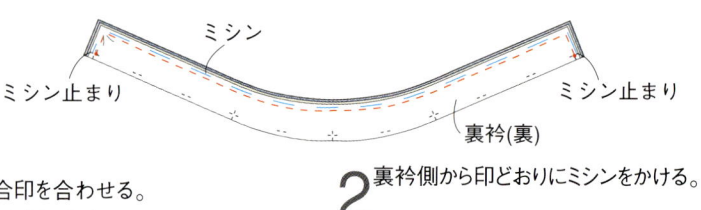

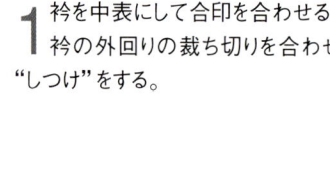

ミシン　ミシン止まり　裏衿（裏）　ミシン止まり

2 裏衿側から印どおりにミシンをかける。

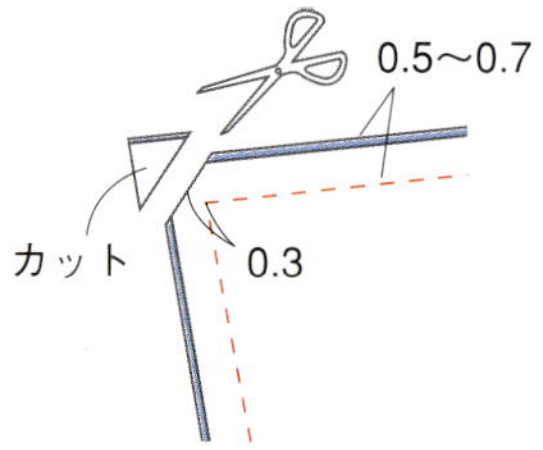

カット　0.5〜0.7　0.3

3 外回りの縫いしろを0.5〜0.7cmに切り、角をカットする。

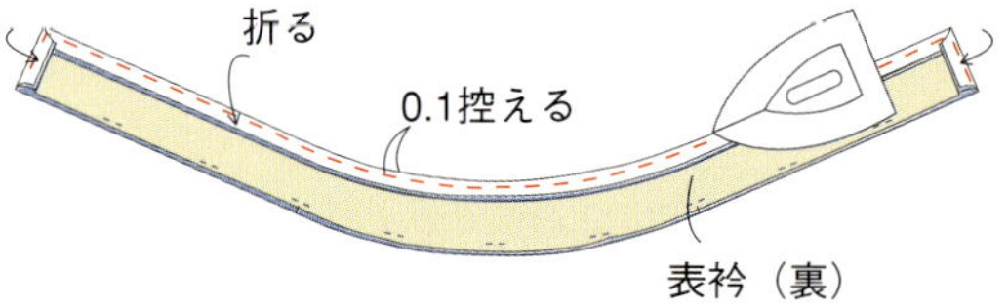

折る　0.1控える　表衿（裏）

4 表衿に返し、アイロンで縫いしろを表衿側へ折る。

Stand collar

Let's enjoy Sewing

3 衿を返す

衿を表へ返す。裏衿の縫いしろのみ中へ折り、アイロンをかける。

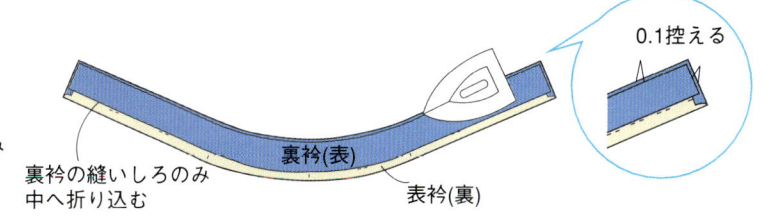

0.1控える

裏衿の縫いしろのみ中へ折り込む　裏衿(表)　表衿(裏)

4 身頃に衿を付ける

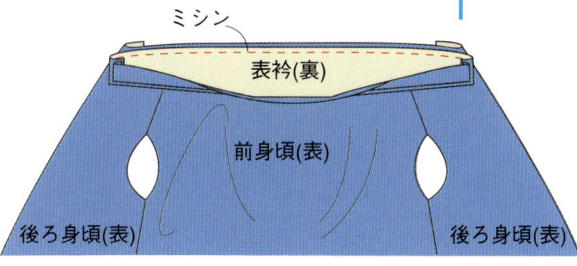

ミシン　表衿(裏)　前身頃(表)　後ろ身頃(表)　後ろ身頃(表)

1. 表衿と身頃を中表に合わせる。左右の衿付け止まりまでしつけをし、ミシンをかける。

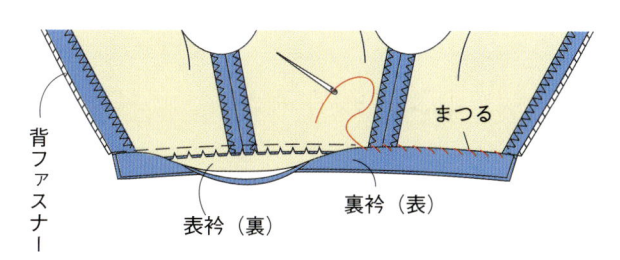

背ファスナー　まつる　表衿(裏)　裏衿(表)

2. 衿付け線の縫いしろを0.8cmに切り、ミシン目の0.3cm手前まで切り込みを入れる。裏衿を衿付けのミシン目より縫いしろ側にまつる。

Advice! ＊前あきの場合

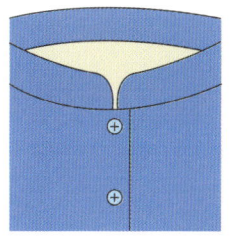

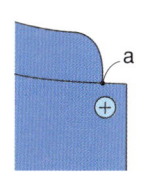

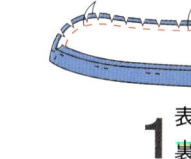

a

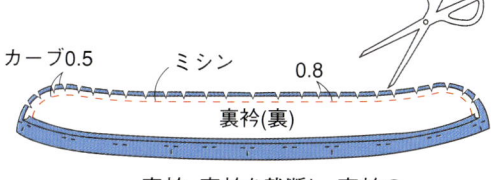

切り込み　1　a　ミシン　見返し(裏)　前身頃(表)

カーブ0.5　ミシン　0.8　裏衿(裏)

1. 表衿、裏衿を裁断し、裏衿の裏に接着芯を貼る。衿を中表にして縫い合わせる。裏衿の縫いしろのみ中へ折る。

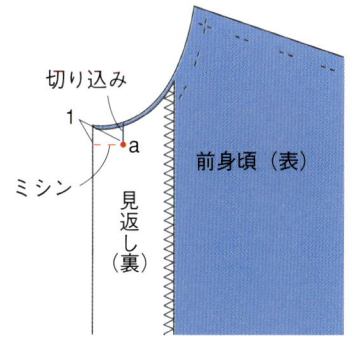

2. 身頃の衿付け止まり(a)までミシンをかけ、切り込みを入れる。

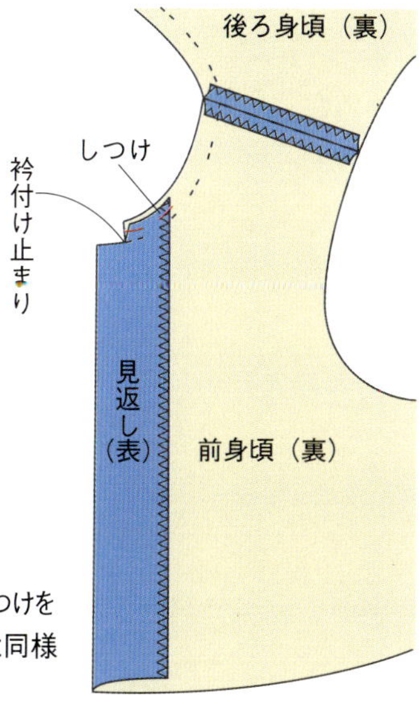

後ろ身頃(裏)　しつけ　衿付け止まり　見返し(表)　前身頃(裏)

3. 見返しを表へ返して、しつけをする。後ろあきの場合と同様にして衿を身頃に付ける。

Let's enjoy Sewing

Part.2 | Partial Sewing

Sleeve

袖

袖の種類、どれぐらいご存じですか?
ノースリーブは分かるけれど、
"セットインスリーブ"、"シャツスリーブ"、"スラッシュあき"
と聞いてすぐに理解できたあなたは、やや中級者。
まったくわからない人でも大丈夫。
丁寧に解説がついているので迷うことはありません。

The point of an armhole
袖付けのポイント

point 1

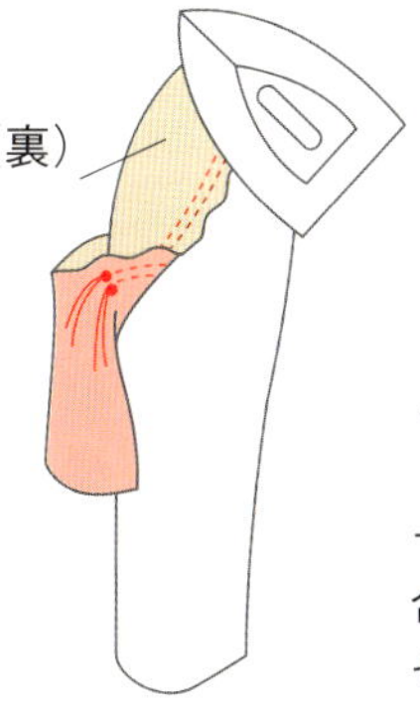

1 合印を必ず合わせ、いせ込みは面倒でも手を抜かず（セットインスリーブのように、別袖を身頃に付ける場合）丁寧に。必ずアイロンで落ち着かせてから付けます。
＊ギャザーが寄ってしまうときれいな仕上がりになりません。

point 2

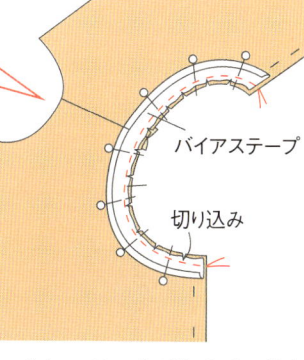

2 バイアステープで縫いしろの始末をする場合、カーブのところはテープを伸ばして袖ぐりになじませること。切り込みを忘れずに入れます。
＊切り込みを入れるのは、"つれ防止"。

point 3

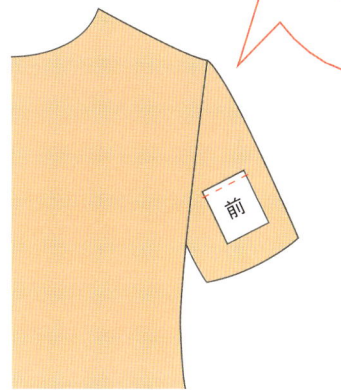

3 左右の袖を間違えて付けないように、表袖に"目印布"を付けておく。
＊前袖と後ろ袖のデザインにあまり違いのないものは、特に間違えやすいので注意！

point 4

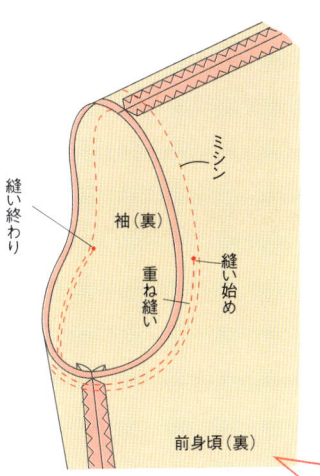

4 袖下の部分のみ"重ね縫い"する。
＊袖付け部分は着ているときに力がかかるので、丈夫に縫っておきます。

● 他にもこんな種類の袖があります。
きものスリーブ
ドルマンスリーブ
ツーピースリーブ
フレンチスリーブ
ラグランスリーブ
ウィンドカフス
＊P.92のindexを参照して下さい。

point 5

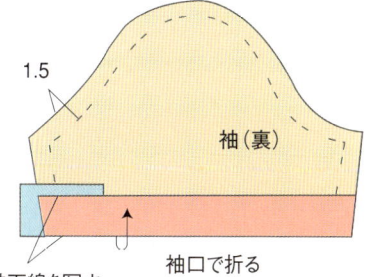

5 袖口の縫いしろは、必ず"でき上がり線"で折り返して袖下線を写す。
＊直線に裁つと、縫いしろが不足して折り返すことができなくなります。

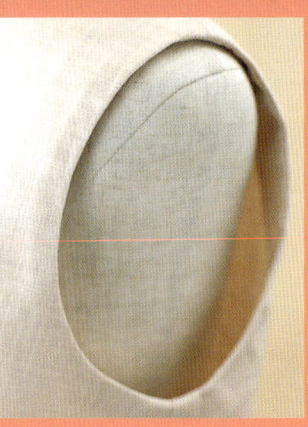

アームホールのカットラインや材質を変えると、カクテルドレス・ジャンパードレス・ランニング・タンクトップなど全く違った雰囲気のデザインになります。

袖ぐりと衿ぐりの見返しを続けて裁つ方法や、スポーティさと丈夫さをかねてミシンステッチをかけることもあります。

（ノースリーブ）

袖がないものの総称を"ノースリーブ"とよび、見返しやバイアステープを使って始末します。作るのが簡単で初心者向き。

見返しで始末する場合

1 見返しと接着芯を裁断する

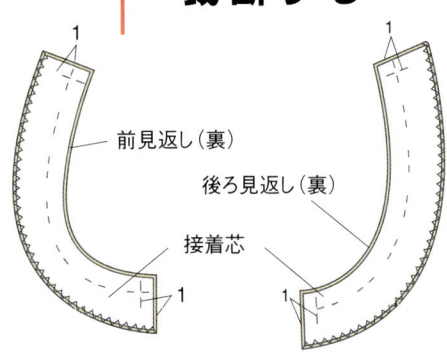

やや多めの縫いしろを付けて見返しと接着芯を裁断する。見返しに接着芯を貼ってから印を付け、縫いしろを1cmに切る。外回りにジグザグミシンをかける。

2 肩線を縫い、身頃と縫う

1 見返しの肩線、身頃の肩線を縫い合わせ、アイロンで割る。見返しと、身頃を中表に合わせてしつけをかける。印どおりにミシンをかけ、ミシン目の手前まで切り込みを入れる。

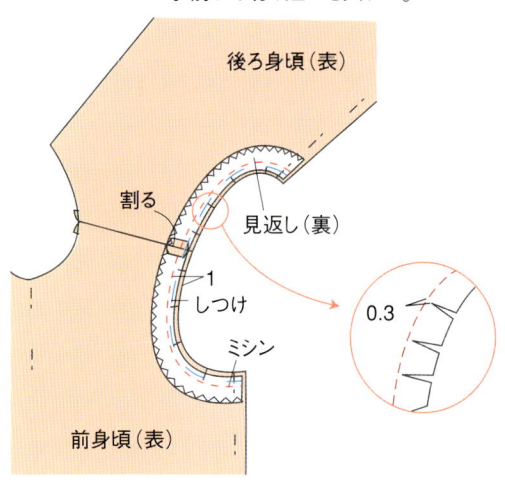

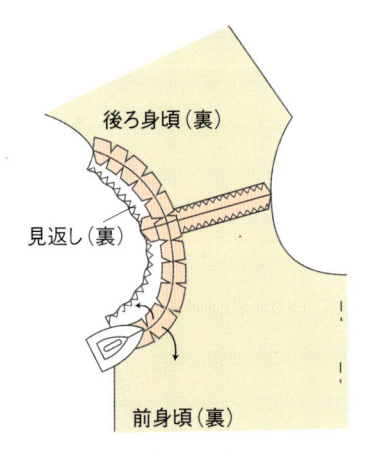

2 見返しと身頃の縫いしろをアイロンで割る。

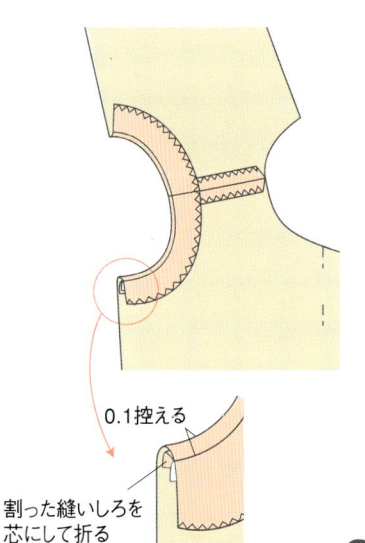

3 見返しが表から見えないように0.1cm控え、アイロンをかけて押さえる。

Part.2 Partial Sewing

No sleeve

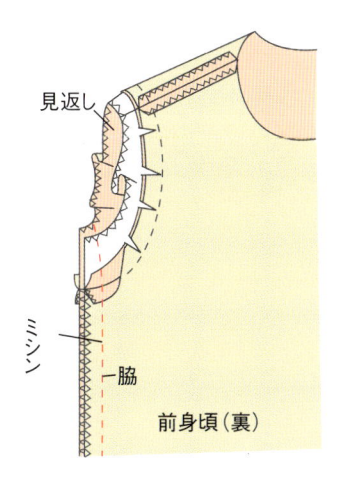

Let's enjoy Sewing

4 見返しを上に広げ、脇から見返しまで続けてミシンをかける。

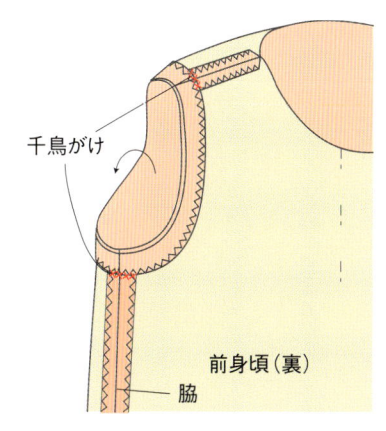

5 見返しを折り返し、脇下と肩線に千鳥がけでとめる。カジュアルにする場合、表から0.2cmの端ミシンをかけてもよい。

バイアステープで始末する場合

1 2cm幅のバイアステープを用意します

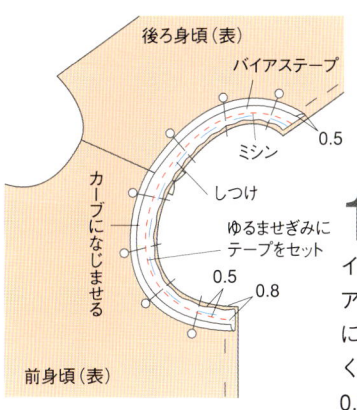

1 袖ぐりより3cm長いバイアステープを用意し、片側を0.5cm折りアイロンをかける。肩線を縫い合わせてアイロンで割った身頃を表にし、カーブになじませるようにバイアステープをおく。待ち針でとめ、しつけをしてから0.5cmのミシンをかける。

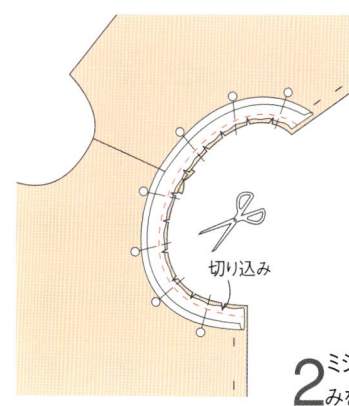

2 ミシン目の0.3cm手前まで切り込みを入れる。

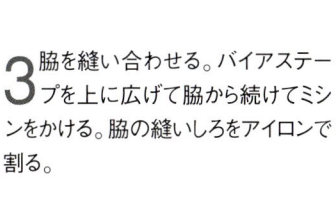

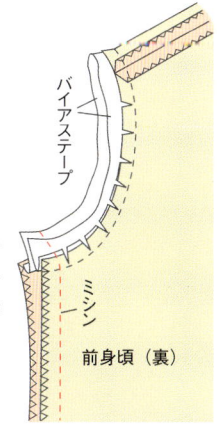

3 脇を縫い合わせる。バイアステープを上に広げて脇から続けてミシンをかける。脇の縫いしろをアイロンで割る。

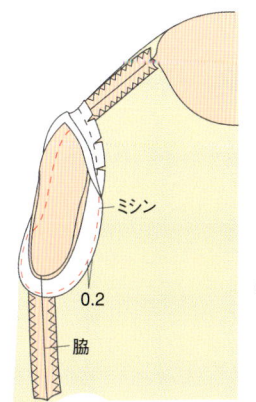

4 バイアステープを折り返し、0.2cmの端ミシンをかける。

Part.2 Partial Sewing

袖には身頃から続いて裁ち出す袖と、身頃に袖を付けるデザインがあります。

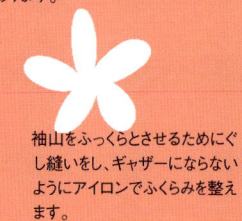

袖山をふっくらとさせるためにぐし縫いをし、ギャザーにならないようにアイロンでふくらみを整えます。

（セットインスリーブ）

身頃とは別に"袖"を作り、袖山をいせ込み腕の付け根の位置に付けた袖。やさしい感じが出ます。

1 袖下線を縫う

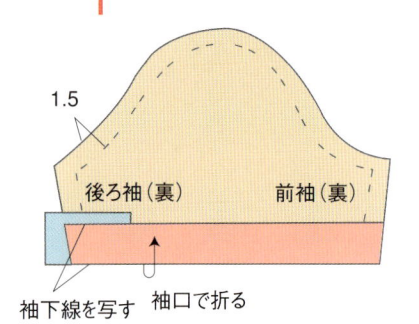

1 袖口の縫いしろを折り返し、袖下線を写す。

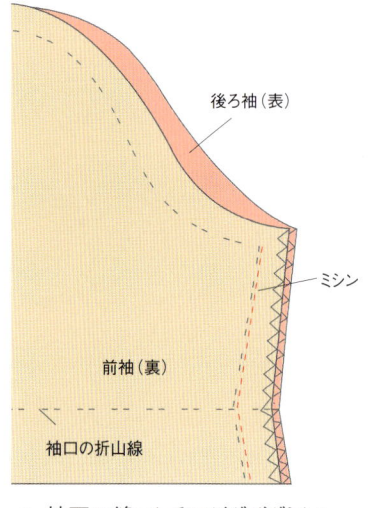

2 袖下の縫いしろにジグザグミシンをかける。袖下線にミシンをかける。

Point!
袖下の縫いしろは必ず折り返して写すこと！直線に縫うと、折り返したときに"袖口の縫いしろの寸法"と"袖口"が合わなくなります。

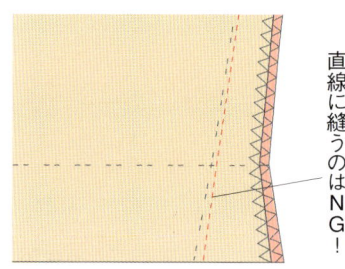

直線に縫うのはNG！

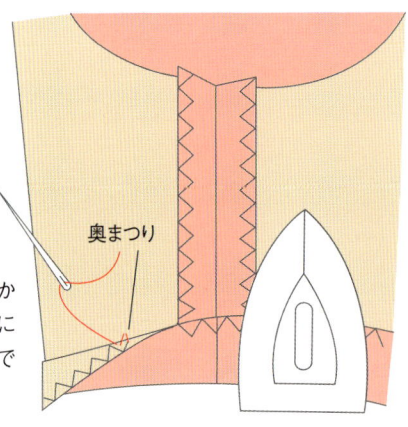

Advice!
＊カジュアルにする場合
三つ折りにしてミシンをかけます。

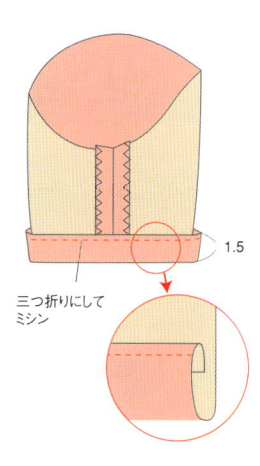

2 縫いしろを割り、袖口をまつる

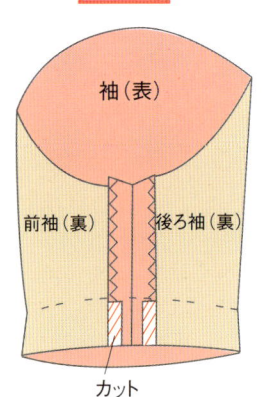

1 アイロンで縫いしろを割り、折り返すと重なる縫いしろ（斜線部分）をカットする。

2 袖口にジグザグミシンをかけて縫いしろを折り、表に針目が出ないよう奥まつりでまつる。

Part.2 Partial Sewing

Set-in sleeve

Let's enjoy Sewing

3 袖山にいせ込みをする

1 印よりも0.3cmとさらにその0.3cm縫いしろ側に、袖下8cmから反対の8cm手前まで（袖山の約1/3量）しつけ糸2本どりでぐし縫いをする。

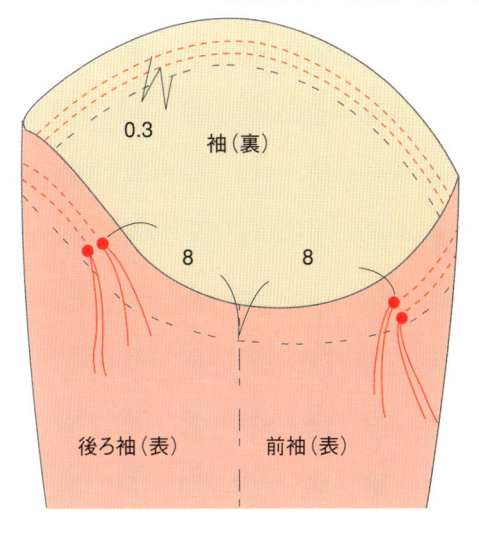

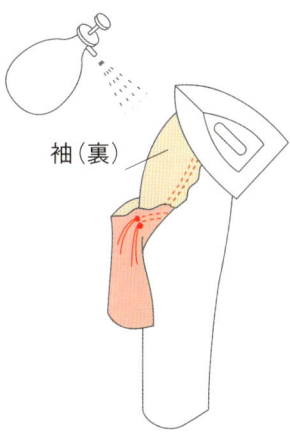

0.3　袖（裏）
8　8
後ろ袖（表）　前袖（表）

2 袖山のいせ込みをアイロンで落ち着かせる。ギャザーにならないように少しずつ糸を引き、裏側から霧を吹きアイロンで消し込む。

袖（裏）

4 身頃と袖を縫う

1 脇線と肩線を縫い合わせた身頃の中に袖を入れ、合い印を合わせる。袖を身頃に乗せるようにして軽く指で持ち上げ、待ち針でとめる。印よりもやや縫いしろ側にしつけをする。

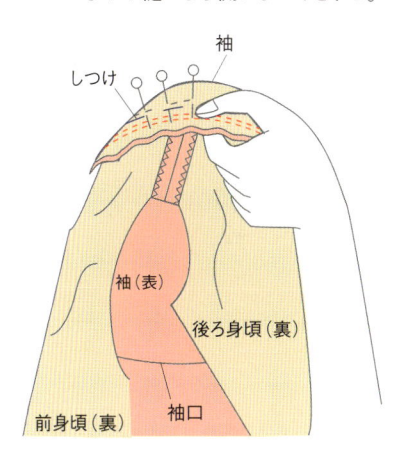

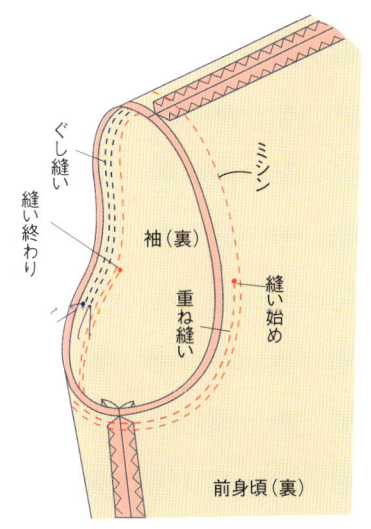

しつけ　袖
袖（表）
後ろ身頃（裏）
前身頃（裏）　袖口

5 縫いしろの始末をする

ぐし縫い
縫い終わり
ミシン
袖（裏）
重ね縫い
縫い始め
前身頃（裏）

2 袖側からミシンをかける。袖下の部分のみ"重ね縫い"になるよう、図のように縫う。

1 肩側の縫いしろは1～1.5cm、袖下側は0.7～0.8cmにしてつながりよく裁つ。縫いしろは、二枚一緒にジグザグミシンをかける。

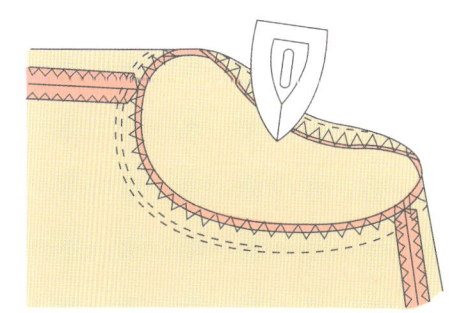

1～1.5
ジグザグミシン
袖（裏）
0.7～0.8
前身頃（裏）

2 縫いしろを自然に袖側へ倒す。袖山をつぶしてしまうので、表から"袖山をつぶす"アイロンはかけない。

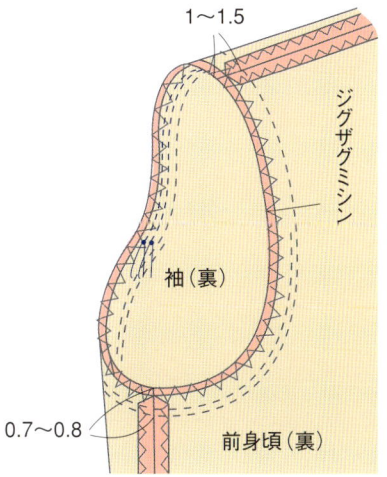

Part.2 Partial Sewing

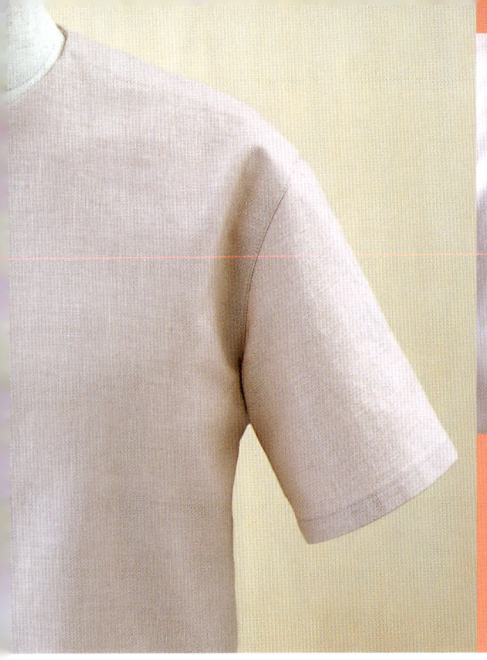

肩先(ショルダーポイント)より落ちた位置に袖を付けることにより、袖山が低く、袖幅が広くなり運動量が増し、手を上げやすい袖になります。

紳士もののワイシャツに使われた袖が、ファッションとして定着し、スポーティーなものからラフに着る日常着やパジャマまで、男女・年齢を問わず好まれています。

(シャツスリーブ)

肩線のみ縫い合わせた身頃に、袖をつける方法。袖が付いてから、脇を縫います。
セットインスリーブよりも袖山が低い直線的なゆるやかな袖。

1 身頃の肩線を縫う

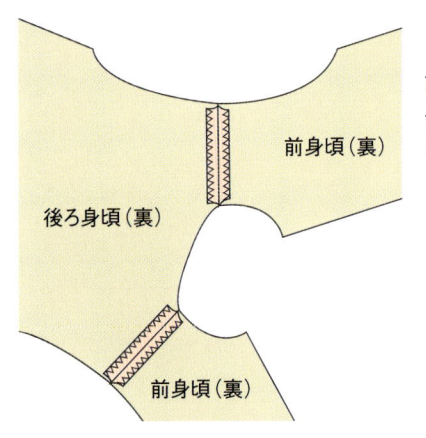

前身頃と後ろ身頃の肩線を縫い合わせる。縫いしろをアイロンで割り、ジグザグミシンをかける。

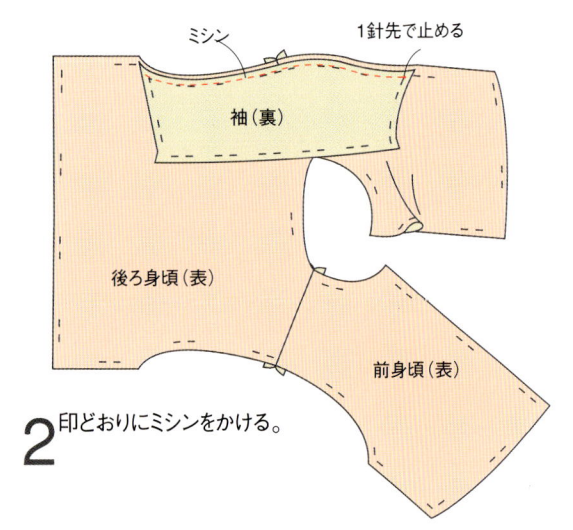

2 印どおりにミシンをかける。

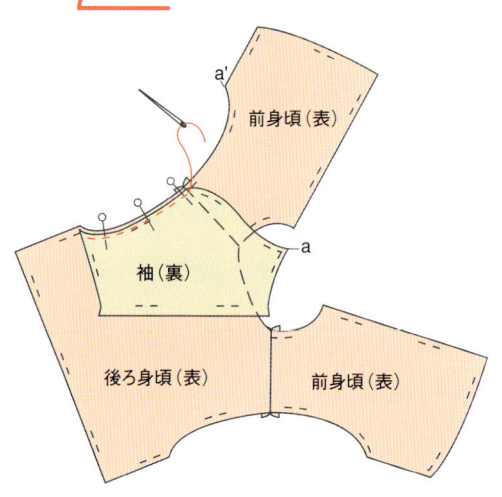

2 袖山を縫う

1 袖と身頃を中表に合わせ、袖ぐりと袖山の合印を待ち針でとめる。a、a'を合わせた所までしつけをする。

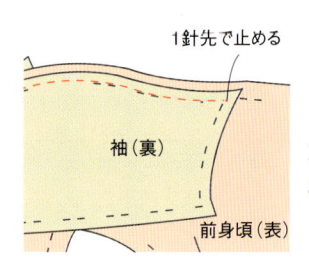

Point!
縫いしろがつれないように、ミシンは"1針先"までかけて止めることがポイント。

Shirt sleeve

Let's enjoy Sewing

3 袖付け線の縫いしろを始末する

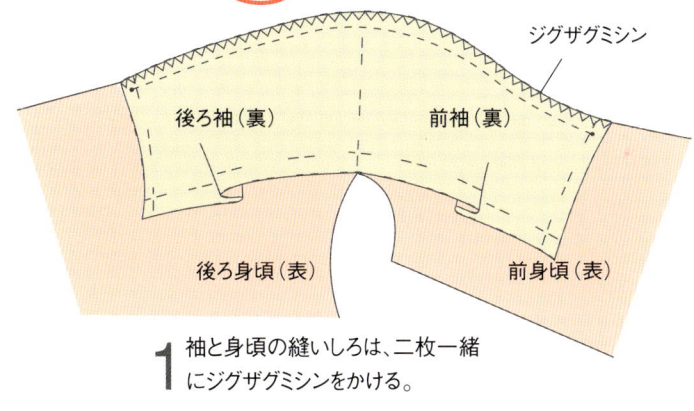

ジグザグミシン
後ろ袖(裏)　前袖(裏)
後ろ身頃(表)　前身頃(表)

1 袖と身頃の縫いしろは、二枚一緒にジグザグミシンをかける。

後ろ身頃(裏)　前身頃(裏)
後ろ袖(裏)　前袖(裏)

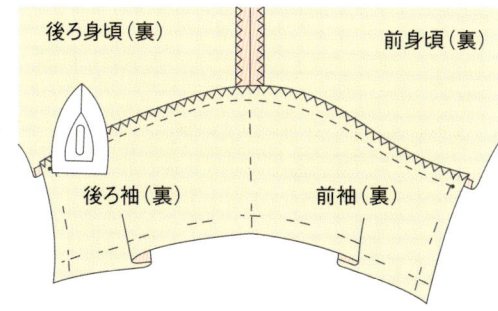

2 縫いしろを身頃側へ倒してアイロンをかける。

後ろ袖(表)　前袖(表)
後ろ身頃(表)　前身頃(表)
0.2

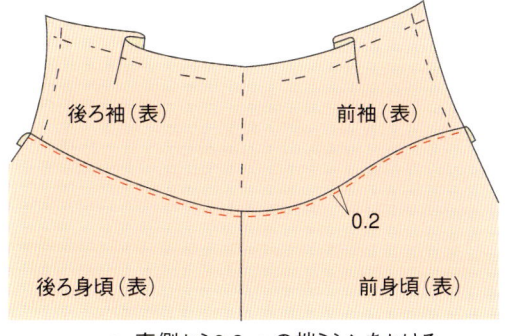

3 表側から0.2cmの端ミシンをかける。

4 袖下と脇線を縫う

前袖(裏)
縫いしろを伸ばしてミシン
前身頃(裏)
ミシン

1 前後の脇線と袖下を合わせ、待ち針でとめてしつけをする。袖を上に上げるように伸ばし、ミシンをかける。

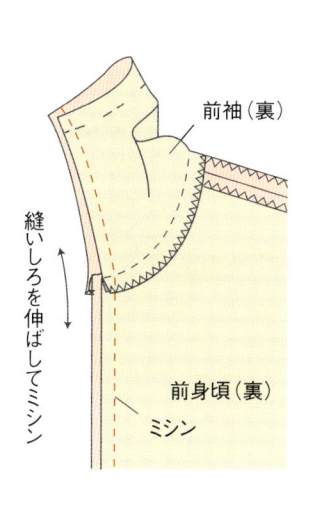

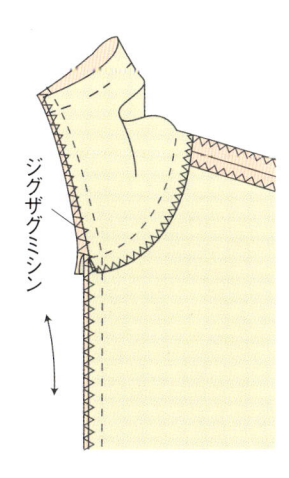

ジグザグミシン

2 1と同様に袖の縫いしろを伸ばしながら、二枚一緒に縫いしろにジグザグミシンをかける。

1.5
0.2
片返し

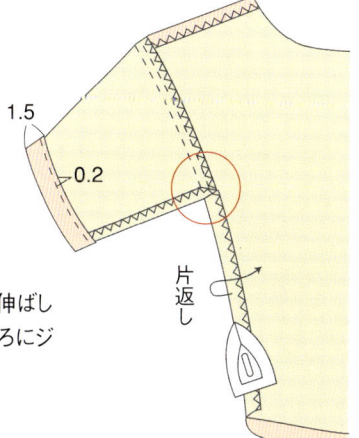

3 片側へ倒してアイロンをかける。脇下部分は縫いしろがつれがちなので注意！袖口は三つ折りにしてミシンをかける。

73　Part.2 Partial Sewing

ギャザーを程よく入れたカフス袖口はふっくらとして、優しい雰囲気のブラウスにマッチします。袖下の縫い目利用のあきは、最も簡単で実用的なあきです。

幅の広いカフスを付けるとマニッシュなワイシャツ風になります。ひじ側にカフスのボタンがくるように別布を当ててカットし、あきを作っています。

（袖口のあきとカフス付け）

袖下の縫いしろを利用して作る "縫い目利用のあき" と "スラッシュあき"、そして一般的なカフス付けの方法です。

縫い目利用のあきとカフス付け

1 袖口にギャザーをよせる

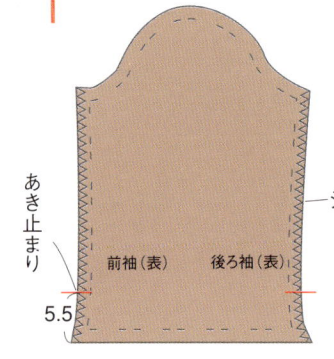

1 袖下の縫いしろにジグザグミシンをかける。袖口から5.5cmのところにあき止まりの印を付ける。

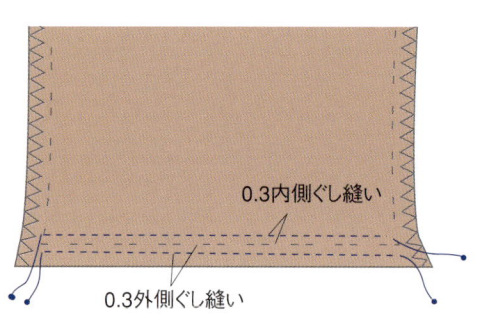

あき止まり
ジグザグミシン
前袖（表）　後ろ袖（表）
5.5

0.3内側ぐし縫い
0.3外側ぐし縫い

2 袖口の印から0.3cm内側、0.3cm外側をそれぞれぐし縫いする。

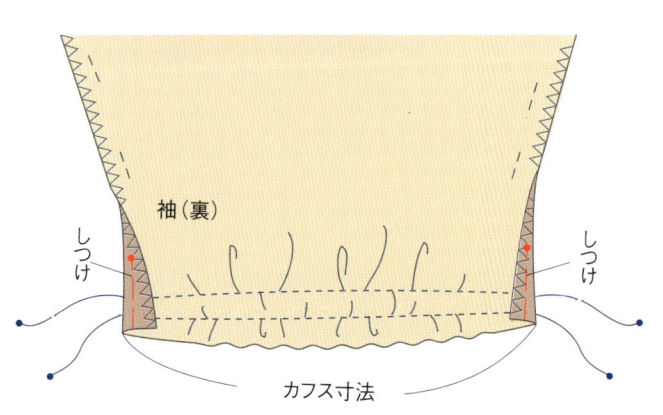

袖（裏）
しつけ
カフス寸法

3 袖口からあき止まりまでの縫いしろにしつけをし、ぐし縫いした糸をカフスの寸法まで引いてギャザーを作る。

2 カフスを作る

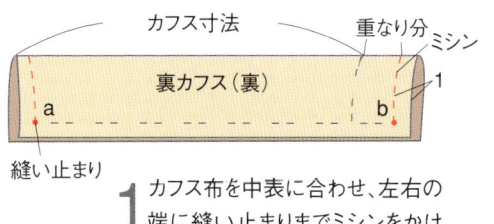

カフス寸法　重なり分　ミシン
裏カフス（裏）
a　　　　　　b
縫い止まり

1 カフス布を中表に合わせ、左右の端に縫い止まりまでミシンをかける。

表カフス（表）
a　　　　　　b

2 カフスを表に返し、アイロンをかける。

cuff and cuffs

Let's enjoy Sewing

3 カフスを付ける

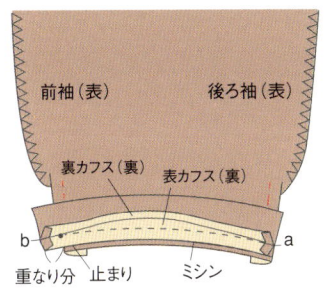

1. 表カフスと袖を中表に合わせる。重なり分を残して表カフスの縫いしろと袖口を縫う。

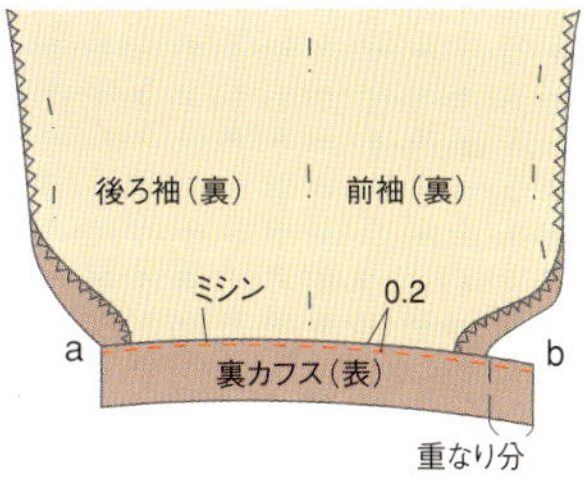

2. 裏カフスの縫いしろを折り返し、アイロンをかける。0.2cmの端ミシンをかける。

Point! 重なり分がなく、あき止まりの先端までカフスを付けることもあります。

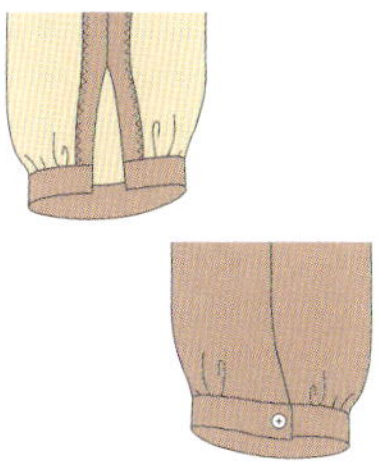

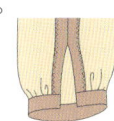

4 袖下を縫う

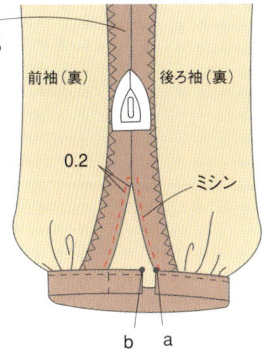

1. 袖下のあき止まりまでミシンをかけ、アイロンで縫いしろを割る。あき部分は表から0.2cmの端ミシンをかける。

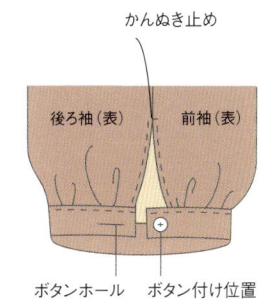

2. 表からあき止まりにかんぬき止めをする。ミシンの返し縫いでもよい。後ろ袖側カフスにボタンホールを作り、前袖側カフスにボタンを付ける。

スラッシュあき

1 見返し布に接着芯を貼る

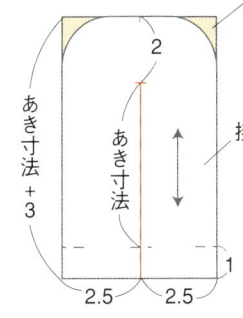

1. 見返し布の裏に接着芯を貼り、印を付ける。

2. 見返し布の外回りにジグザグミシンをかける。

2 袖口と見返しを縫い合わせる

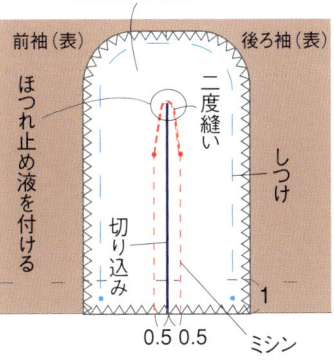

1. 袖口あき(表)位置に見返し布を中表にのせ、しつけをする。0.5cm幅にミシンをかけ、あき止まりの部分は二度縫いし、ほつれ止め液を裏から付ける。あき止まりは、ミシン目を切らないようにギリギリのところまで切り込みを入れる。

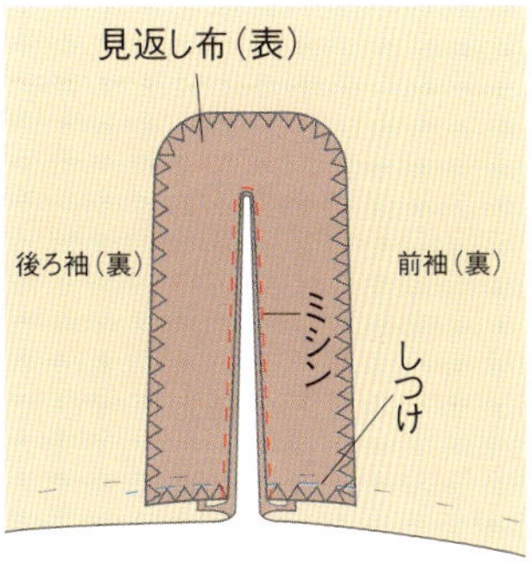

2. 見返し布を裏返しアイロンをかける。袖口にしつけをし、0.1cmの端ミシンをかける。カフスを付ける。

Part.2 Partial Sewing

Let's enjoy Sewing

Part.2 | Partial Sewing

Waist
ウエスト

ゴムウエストや、芯入りベルト、見返しで始末するウエスト等が一般的。
でき上がってからのサイズ調節が難しいものなど、
それぞれに特徴があります。
初心者さんは、サイズ調節の簡単なゴムウエストがおすすめ。
裾の始末はスリットとベンツを紹介しているので参考にして下さい。

The point of the waist
ウエストのポイント

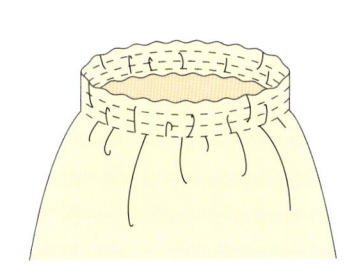

Let's enjoy Sewing

point 1

1 幅の太いゴムと細いゴムの特徴を知ってから選ぶこと。また、厚地の布だとゴロつくので注意。

*太いゴム
フィット感はありますが、付け方によっては"丸まる"ことがあります。ミシンでとめ付けると"ゴムが伸びきった場合"の取り換えが面倒。

*細いゴム
カジュアルに。フィット感がソフトなので子供服やシニア用に向いています。

point 2

2 芯入りベルトウエストなどサイズ調節がきかないウエストは"自分のサイズ"をきちんと採寸する。
*でき上がってからでは、サイズ調節が難しいので注意！

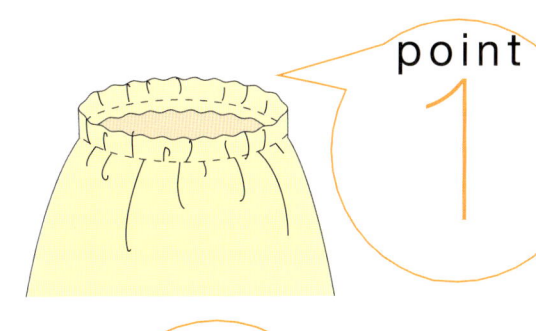

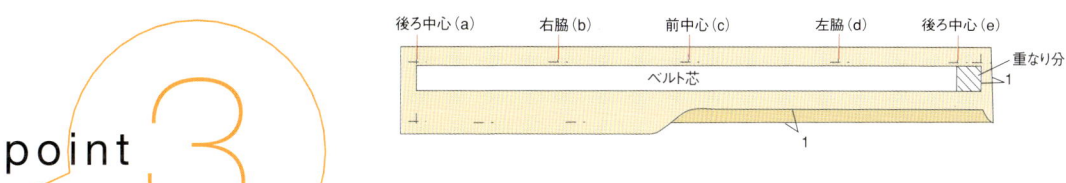

ベルト寸法＝ウエストサイズ(a～e)＋重なり分(約3cm)

後ろ中心(a) 右脇(b) 前中心(c) 左脇(d) 後ろ中心(e)
ベルト芯　重なり分

point 3

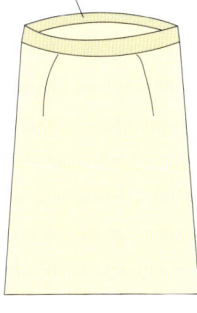

3 ベルベットなどの"毛並み"のあるものや縞の布地でベルトを付ける場合"表布の地の目"に必ず合わせて布を裁つこと。
*地の目を合わさずに裁つと、でき上がってからウエスト部分だけ布の光り方が違い、目立ってしまいます。

逆方向に裁ったベルト。色が変わって見える

point 4

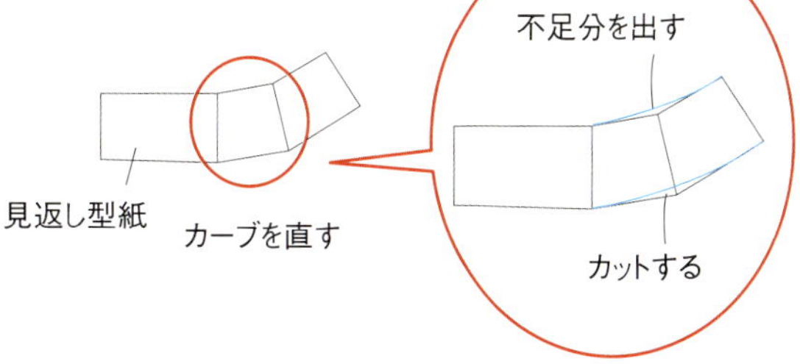

4 見返し付きのウエストの場合、型紙のダーツ分をたたみ"カーブの修正"を忘れないこと。
*ダーツをたたんだために角ばったウエストをそのまま縫うと、ウエストラインが引きつれ、仕上がりがきれいになりません。

不足分を出す
見返し型紙
カーブを直す
カットする

● 他にもこんな種類のウエストがあります。
サイドゴムウエスト
トリムウエスト
ハイウエスト
ヨークウエスト
ラップウエスト
*P.92のindexを参照して下さい。

ゴムは月日が経つと劣化し、着ている間に伸びきってしまいます。見た目が新しそうでも、引っ張り、伸縮加減を確認しましょう。

ゴムの調節や取替えができるように、ゴムの通し口を開けておくこと。また、ゴムの上からミシンをかける方法は避けましょう。

（ゴムウエスト）

ウエストにゴムを入れたもの。フリーサイズで着やすく、カジュアルな印象。細いゴムを数本入れる方法と、太めのゴムで作るふた通りを紹介します。

細いゴムを入れる場合

1 ゴム通し口を作る

1 脇の裁ち目にジグザグミシンをかける。前スカートと後ろスカートを中表に合わせ、左脇のゴム通し口を残し、脇線を縫う（印より0.5cm上まで）。

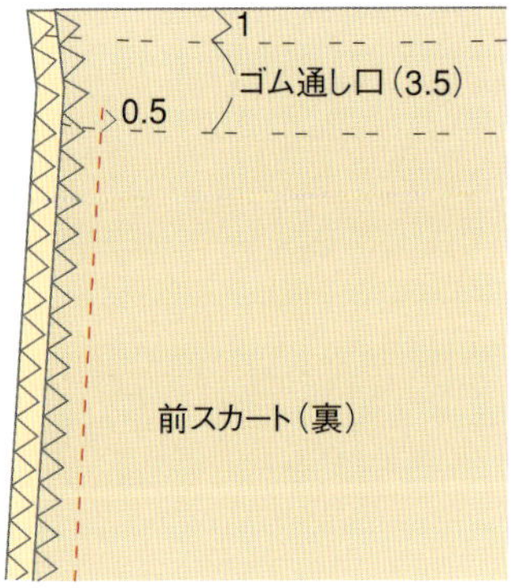

2 縫いしろをアイロンで割る。ゴムを通すときひっかからないようにするため、ゴム通し口の縫いしろに（両脇）0.2cmの端ミシンをかける。

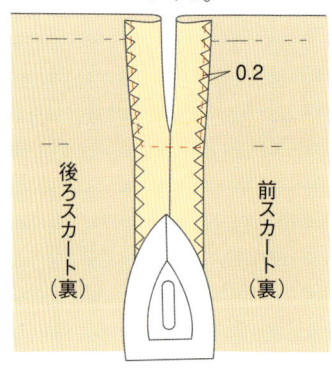

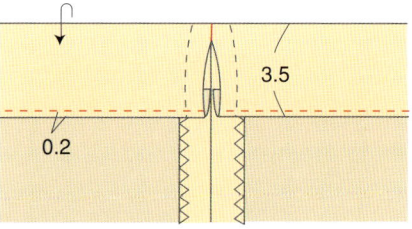

3 印の位置から布を折り、0.2cmの端ミシンをかける。

4 ゴム通し口の幅の3等分に印を付け、平行になるように2本ミシンをかける。

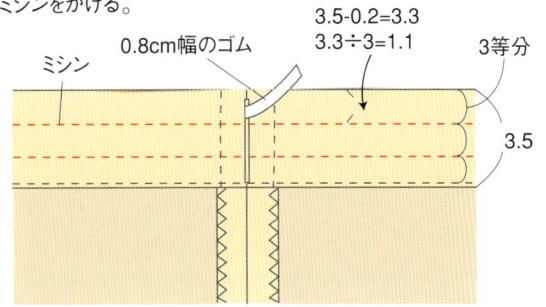

3.5−0.2=3.3
3.3÷3=1.1

2 ゴムを通す

1 ゴムの終わりをクリップ（または洗濯ばさみ）でとめておき、ひも通しを使ってゴムを通す。ゴムの両端を1cm重ね、ミシンで二度縫いする。

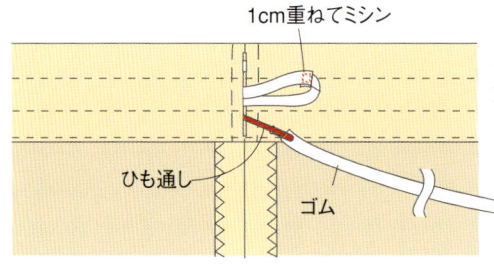

Rubber waist

Let's enjoy Sewing

太いゴムを入れる場合

1 ゴム通し口を作る

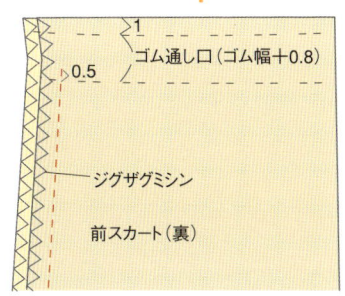

1 前スカートと後ろスカートを中表に合わせ、左脇のゴム通し口を残して脇線を縫う。

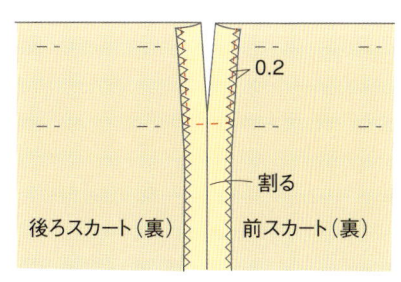

2 縫いしろをアイロンで割る。ゴムを通すときひっかからないようにするため、ゴム通し口の縫いしろに0.2cmの端ミシンをかける。

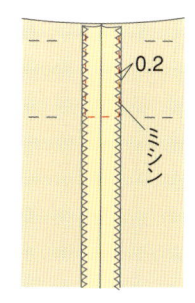

3 反対側の脇の折り返しの縫いしろも、0.2cmの端ミシンをかける。

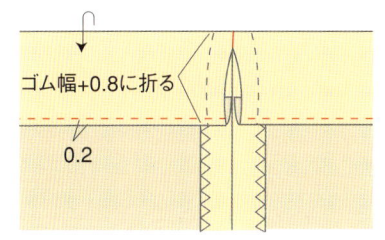

4 ゴム幅＋0.8cmの幅に布を折ってアイロンで落ち着かせ、0.2cmの端ミシンをかける。

2 ゴムを通す

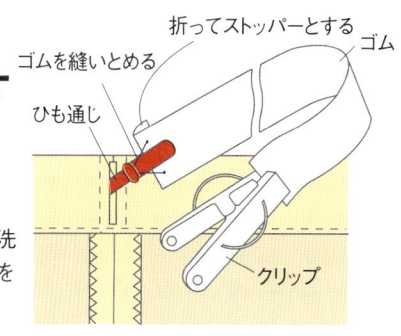

1 ゴムの終わりをクリップ（または洗濯ばさみ）でとめておき、ひも通しを使ってゴムを通す。

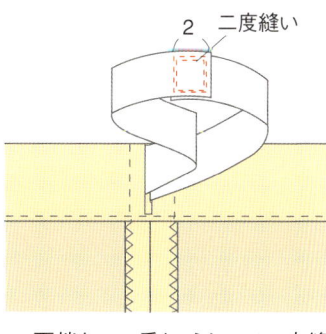

2 両端を2cm重ね、ミシンで二度縫いする。

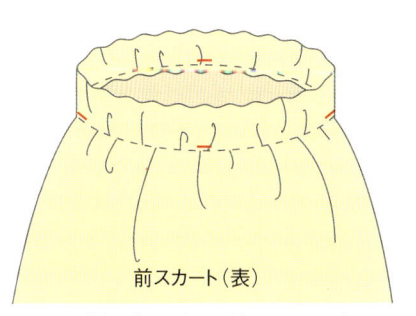

3 幅の広いゴムが縫いしろの中で丸まるのを防ぐため、裏側から4ヵ所くらい手縫いでとめ付ける。

Advice!

ひも通しとゴムを糸で縫いとめておくと、途中でゴムがはずれません。

Part.2 Partial Sewing

既製服のウエスト表示は洗って縮むことを配慮して、大きめにできていることがあります。表示のサイズがピッタリでも、自分のウエストサイズではないかもしれません。

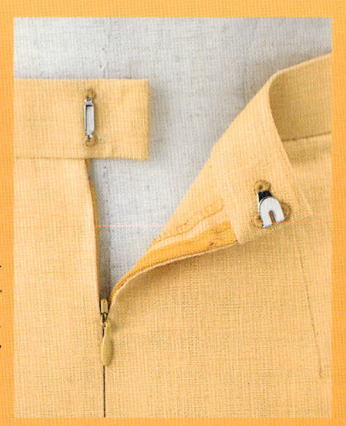

アジャスターかぎホック（調節可能）はウエストサイズの変動が激しい人には便利。ウエストにシャツなどを被せて着るスタイルにはOK。

（芯入りベルト付きウエスト）

ウエストにハードなベルト芯を入れた、基本的なウエスト。でき上がってからでは寸法の調節が難しいので、作る前にしっかりとサイズを確認しておきます。

1 接着ベルト芯を貼る

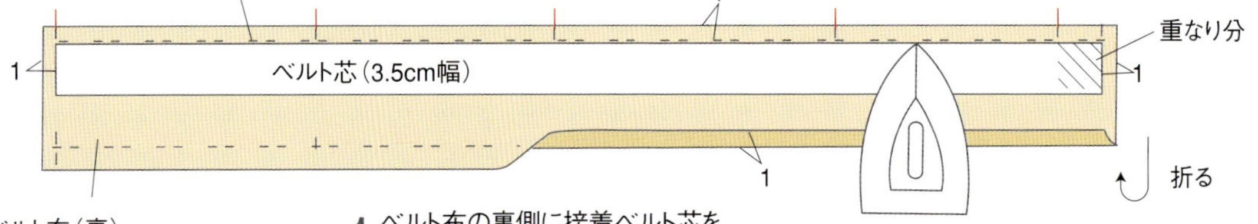

ベルト付け線 / 後ろ中心（a） / 右脇（b） / 前中心（c） / 左脇（d） / 後ろ中心（e） / 重なり分 / ベルト芯（3.5cm幅） / 折る / ベルト布（裏）

1 ベルト布の裏側に接着ベルト芯を貼る。後ろ中心（a）、右脇（b）、前中心（c）、左脇（d）、後ろ中心（e）のウエスト合印（a〜e）をしっかり付けておく。反対側の縫いしろを折る。

Advice!
ベルト芯には、アイロンで接着できる"のりが付いた芯"と"のりの付いていない芯"があります。のり付きの芯ではない場合、両面接着テープをアイロンで付けるか、ベルトの裏側になる方にミシンで縫いつけましょう。

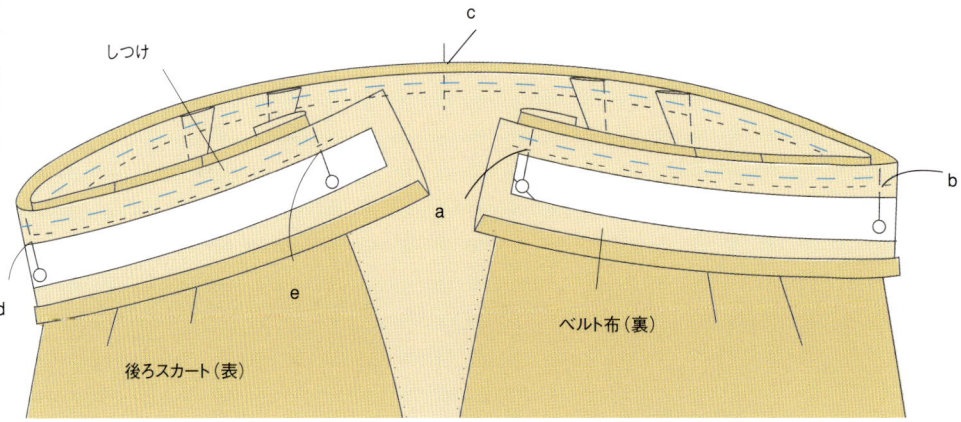

しつけ / ベルト布（裏） / 後ろスカート（表）

2 スカートとベルト布を中表に合わせ、a〜eの順に合印に合わせて待ち針でとめ、しつけをかける。

Belt waist

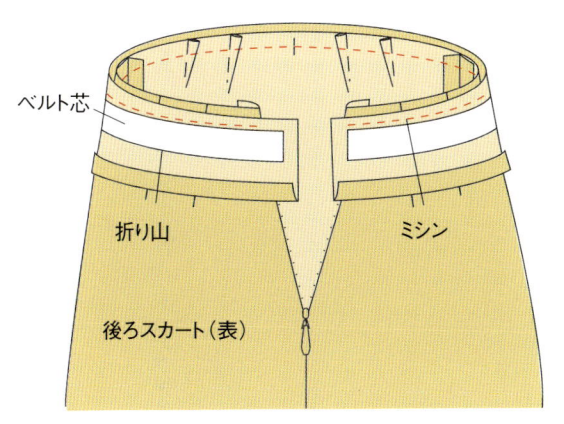

Let's enjoy Sewing

2 ミシンで縫う

1 ベルト芯にミシン目がかからないように注意しながらミシンをかける。

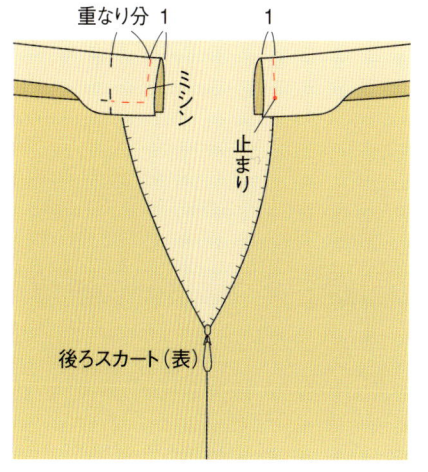

2 ベルトの両端を縫う。持ち出し部分はL字で縫う。

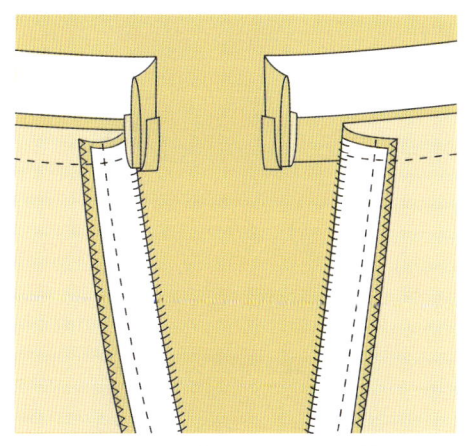

3 スカートを裏返し、ベルトの両端の縫いしろを折る。アイロンをかける。

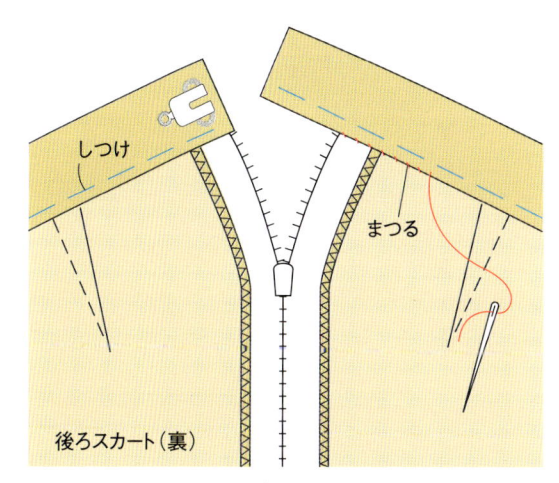

4 ベルト布を返し、しつけをする。ミシン目より縫いしろ側をまつる。かぎホックを付ける。

きついウエストが苦手な人にはノーベルトをおすすめします。骨盤にひっかけて着るタイプのローウエストスカートは全くウエストを締め付けないので、座っても苦しくありません。

ウエストサイズが伸びてしまわないようにしっかり接着芯を貼り、その上からステッチをかけておきましょう。ハイウエストスカートも同様に始末します。

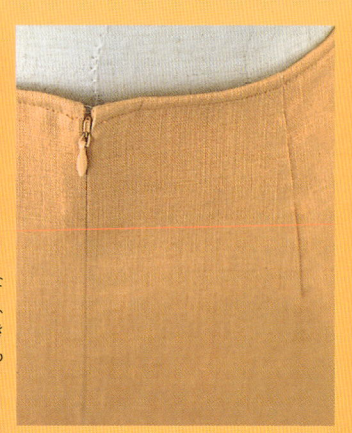

（ノーベルトウエスト）

ウエストの裏に見返しを付けたもの。見返しにはソフトな接着芯を貼ります。締め付けないので着やすく、カジュアル。

1 見返しの型紙を作る

斜線部分はウエストダーツ。ダーツのaとa'、bとb'の印を合わせてたたむ。たたむと角ばったラインになるので、カーブを直す。

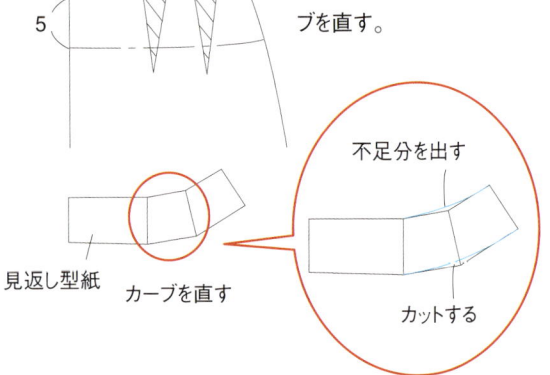

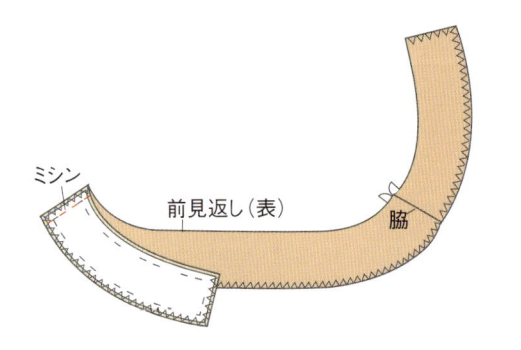

2 見返し布を作る

1 やや多めの縫いしろを付けて見返しと接着芯を裁断する。見返しの裏側に接着芯を貼ってから印を付け、縫いしろを1cmに切る。見返しの外回りにジグザグミシンをかける。

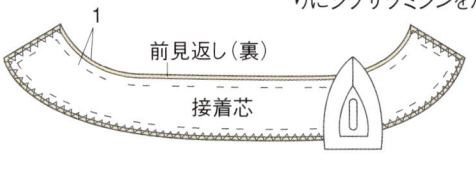

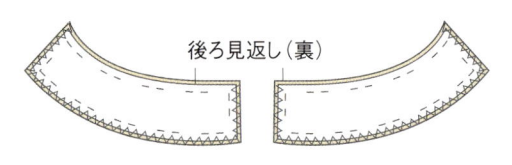

2 前見返し、後ろ見返しを中表に合わせ、見返しの脇線にミシンをかけて縫い合わせる。

3 見返しとスカートを縫い合わせる

1 見返しとスカートを中表に合わせ、印よりやや縫いしろ側にしつけをする。印どおりにミシンをかける。

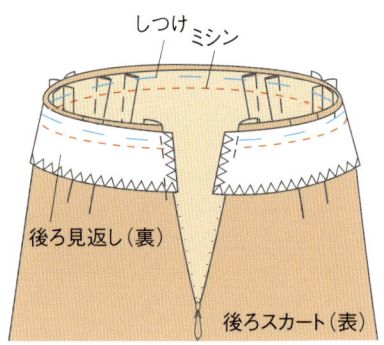

Part.2 Partial Sewing

No belt waist

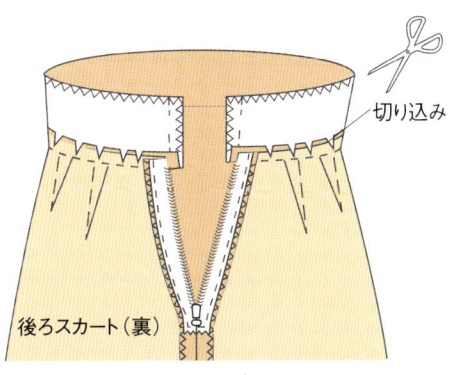

Let's enjoy Sewing

2 縫いしろに切り込み（ミシン目よりも0.3cmくらい手前まで）を入れ、スカートを裏返す。

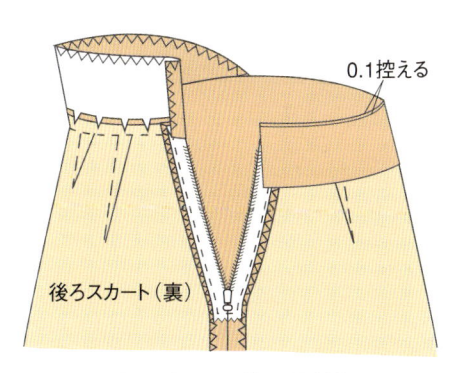

切り込み
後ろスカート（裏）

3 見返しを0.1cm控え、両端をファスナーの"むし"にかからないように折ってアイロンをかける。

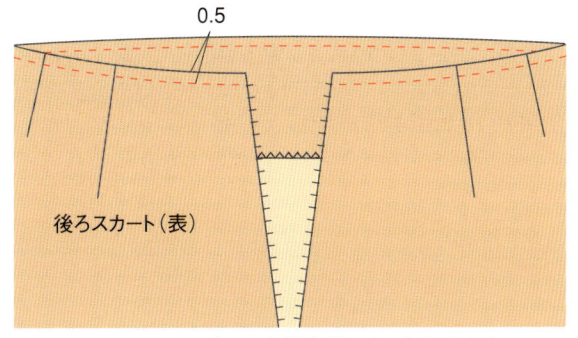

0.1控える
後ろスカート（裏）

4 ウエスト部分はスカートの表から0.5cmにミシンをかける。

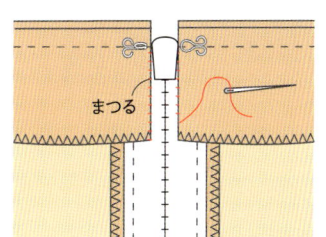

0.5
後ろスカート（表）

5 見返しは後ろ中心をまつり、両脇は千鳥がけで縫いしろにとめ付ける。

まつる
脇
千鳥がけ

テープトリミングの場合

1 ふち取りテープやバイアステープを4:6の割り合いで折り、しっかりとアイロンをかける。ウエスト仕上がり寸法（合印）を入れる。

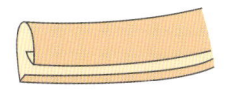

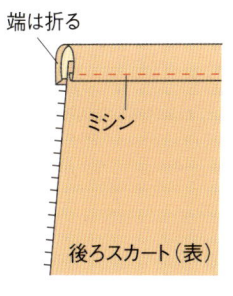

表4分裏6分ぐらいで折る

2 端を折り、スカートを挟む。表側からミシンをかける。

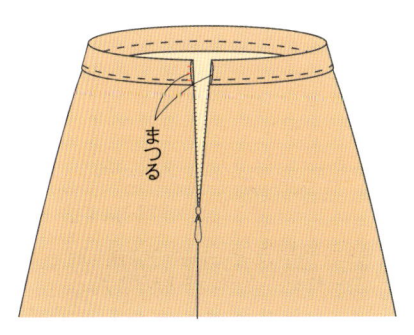

端は折る
ミシン
後ろスカート（表）

3 両端をまつり、かぎホック（小）を付ける。

まつる

Part.2 Partial Sewing

動きやすいように脇や中心の裾の方を縫わずに開けただけのスリットは、最も簡単なあきです。

あきに重なり分を付け、中側が見えないようにしたものがベンツあきです。

（スリットとベンツ）

裾に入った切り込み。タイトスカートなどのスリムなシルエットを動きやすくする、スリットとベンツ、ふたつの方法を紹介します。

スリットの場合

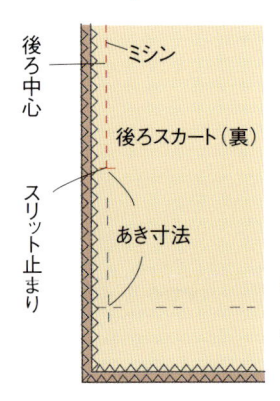

1 ミシンをかける

1 スカートの裁ち目にジグザグミシンをかけ、左右を"中表"に合わせる。スリット止まりまで後ろ中心線にミシンをかける。

2 裾を折り、アイロンをかける。斜線部分をカットする。

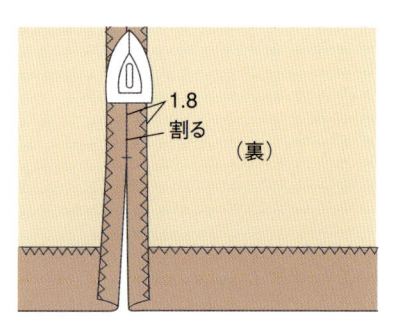

3 後ろ中心の縫いしろをアイロンで割る。

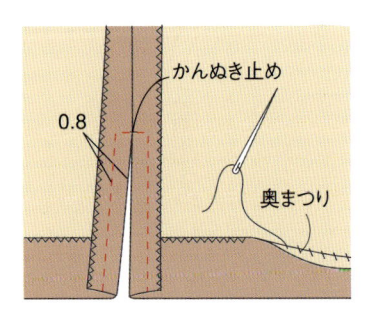

4 0.8cmのミシンを表からかけ、スリット止まりにはかんぬき止め（またはミシンの返し縫い）をする。裾は奥まつりでまつる。

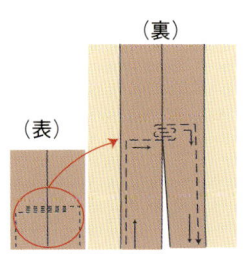

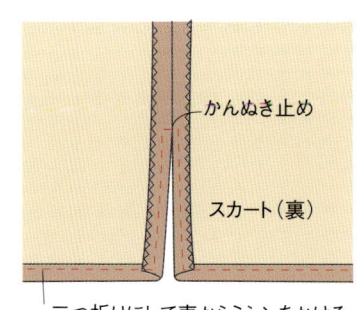

Advice!
裾を三つ折りにしてミシンをかけると、カジュアルに。

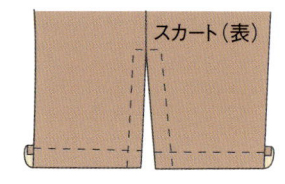

Part.2 Partial Sewing

A slit & Vent

Let's enjoy Sewing

ベンツの場合

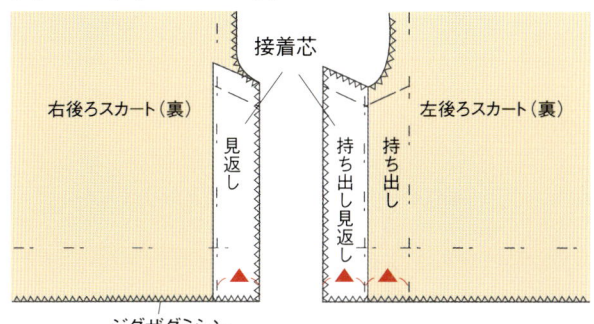

1 持ち出しを作る

1 ベンツ部分は図のように裁断し、接着芯を貼る。裁ち目にジグザグミシンをかける。

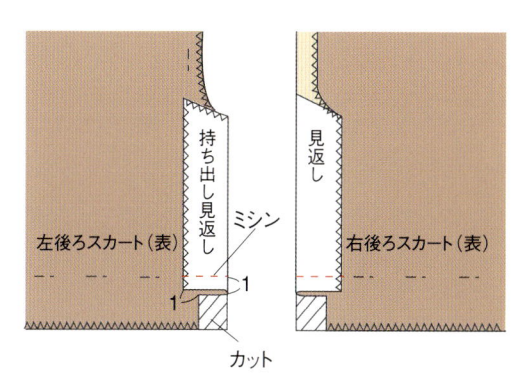

2 見返しを表側に折り、裾にミシンをかける。折り返すと重なる縫いしろをカットする。

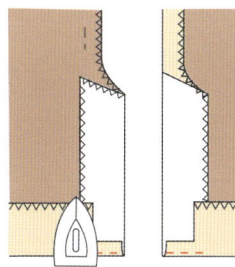

3 裾を折り、アイロンをかける。

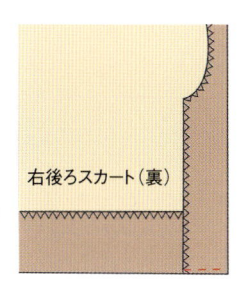

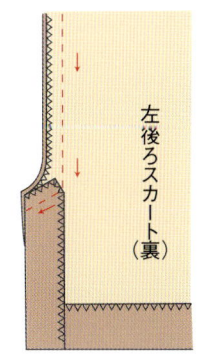

4 スカートを返し、見返しは裾にまつる。

2 縫い合わせる

1 中表にして後ろ中心を合わせ、縫う。

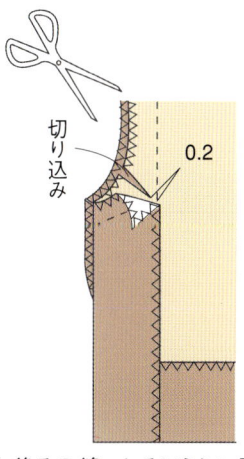

2 左後ろの縫いしろにミシン目の0.2cm手前まで切り込みを入れる。

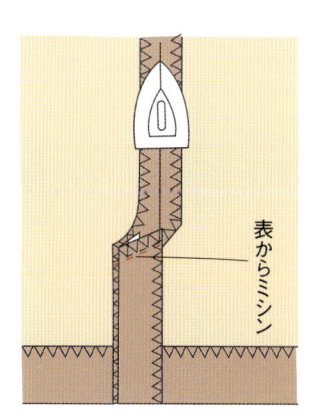

3 後ろ中心をアイロンで割る。ベンツは左側に倒してアイロンをかける。補強のために、表側からミシンをかけ、残りの裾をまつる。

Part.2 Partial Sewing

Let's enjoy Sewing

Part.2 | Partial Sewing

Pocket
ポケット

ポケットの中でも代表的なのが、パッチポケットとシームポケット。
ここでは、"物を入れることを目的とした実用的なポケット"を紹介します。

Let's enjoy Sewing

The point of pocket attachment
ポケット付けのポイント

point 1

1 実用的なのか装飾的なポケットなのか、目的に合わせて選ぶこと。洗濯や、使用頻度に弱いポケットを確認しておきましょう。
＊パッチポケットやシームポケットは洗濯OKの実用的なもの。

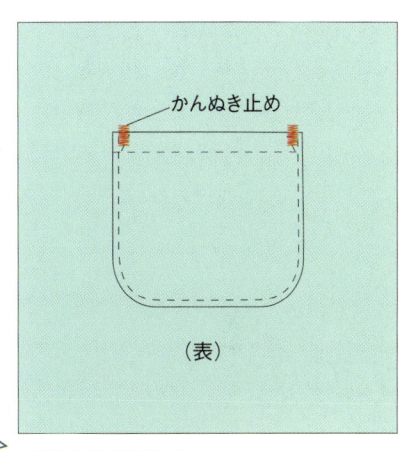

かんぬき止め
（表）

point 2

2 洗濯や使用頻度に強いポケットにする方法は？
＊まわりをミシンステッチで押さえる、芯を入れて伸びを防ぐ、力布を裏に付ける、ポケット口にかんぬき止めをするなど。

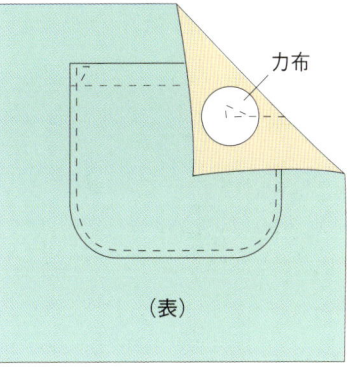

力布
（表）

point 3

3 ポケット口に余裕をもたせる。
＊実用的なポケットは、「物」を入れることが目的。"指がさっと入るくらい"の余裕をもたせ、身頃に付けます。

●他にもこんな種類のポケットがあります。
ウエスタンポケット
玉縁ポケット
箱ポケット
フラップポケット

＊P.92のindexを参照して下さい。

point 4

4 付ける位置、バランスを考える。
＊ポケットを下の方に付けると背が低く見えます。また、ポケットのサイズや丸みを大きくするとスポーティーなデザインに。

貼り付けポケット、アウトポケットなどといわれ、小布を縫い付けるだけの最も簡単で実用的なポケットです。ポケットの大きさや付け位置により背が低く見えるので、バランスが大切。

ポケット口に力がかかると、土台の布が破れたり、糸が切れてしまいがちです。破れを防ぐためにポケットの裏側に"力布"を付け、ミシンをかけます。

（パッチポケット）

ポケットを身頃に縫い付けるだけなので、最も簡単に付けられます。子供服やスポーツ、労働着には欠かせないアイテムです。実用的であり、カジュアルな雰囲気のデザインにピッタリ。

1 伸び止めの芯を貼る

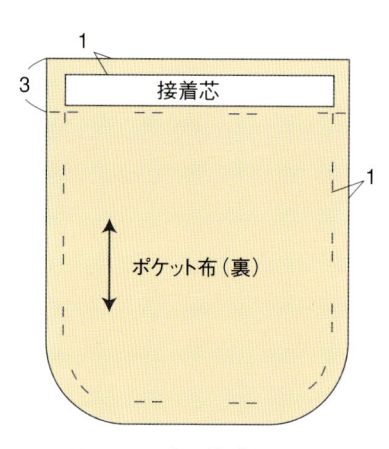

1 ポケット口の裏に伸び止めの接着芯を貼る。

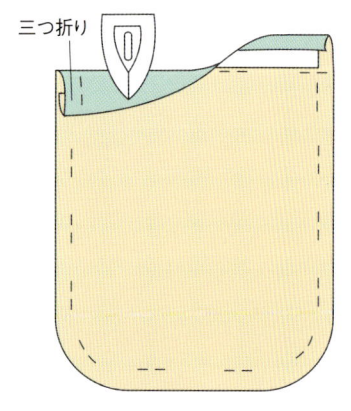

2 ポケット口の縫いしろはアイロンをかけながら三つ折りする。

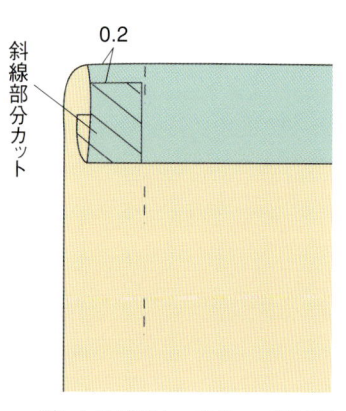

3 縫いしろが重なってゴロつく所（斜線部分）をカットする。

Part.2 Partial Sewing

Patch pocket

Let's enjoy Sewing

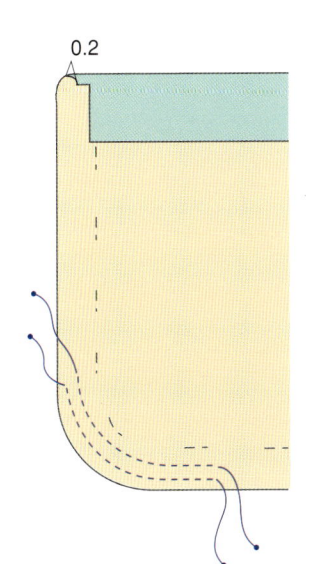

2 ポケット布の形を整える

1 底の丸みの縫いしろを細かくぐし縫いする。

2 ポケット口に0.2cmの端ミシンをかける。周囲の縫いしろを折り、厚紙で作った丸の型を差し込む。ぐし縫いした糸を引きながらアイロンで形を整える。

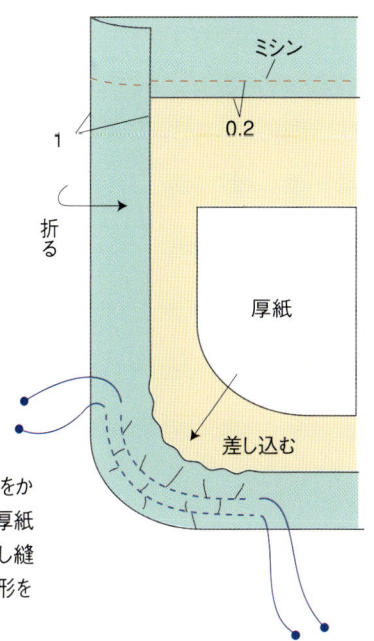

（ミシン／0.2／折る／厚紙／差し込む／1）

3 身頃に付ける

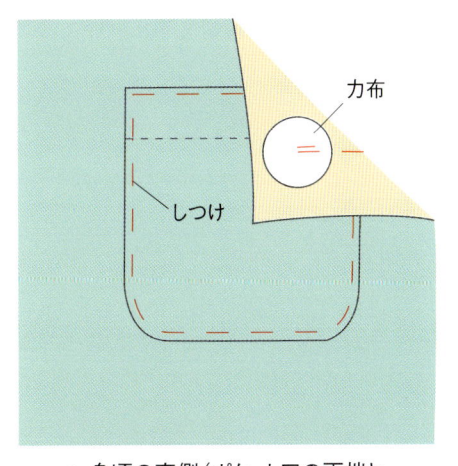

1 身頃の裏側（ポケット口の両端となる2箇所）に補強用の力布を接着テープで貼る。身頃のポケット付け位置にポケット布を合わせ、しつけをする。

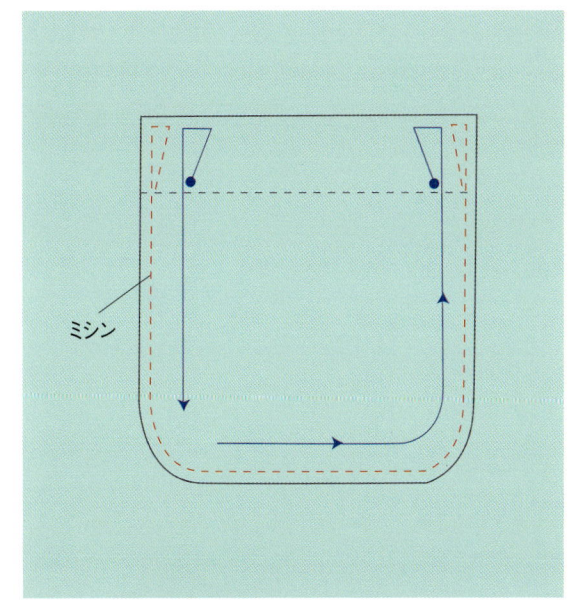

（力布／しつけ）

2 矢印の方向にミシンをかけてポケット布を付ける。

（ミシン）

（シームポケット）

緩やかなシルエットの脇などの縫い目を利用して作るポケットなので目立たず、ちょっとポケットが欲しいときに便利。厚地の場合は見えない部分の袋布にシーチングなどを使います。

ポケット口は手の出し入れで伸びやすいので、伸び止めテープやミシンステッチで補強し、両ポケット口にかんぬき止めをしっかりしておきましょう。

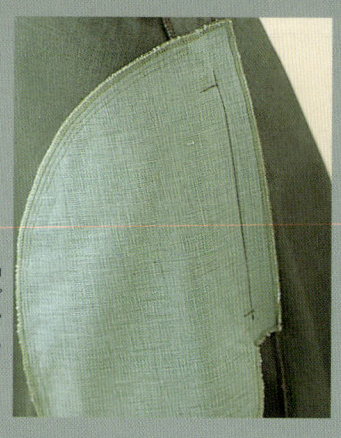

脇線など、縫い目を利用してポケットを作る方法。身頃の縫いしろもジグザグミシンで始末します。服の縫製方法に合ったポケットの始末を選びましょう。

ポケットを裁ち続ける方法

1 裁断し、伸び止めの芯を貼る

ポケット布を脇から続けて裁ち、前脇ポケット口に伸び止めの接着芯を貼る。

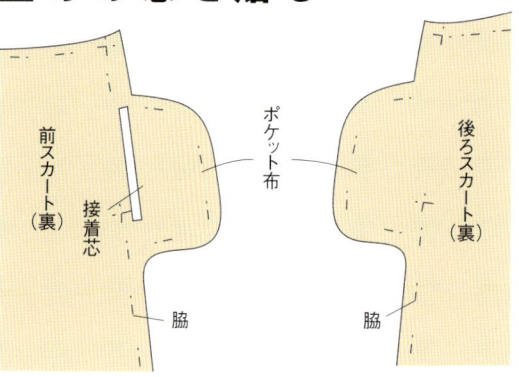

2 ミシンをかける

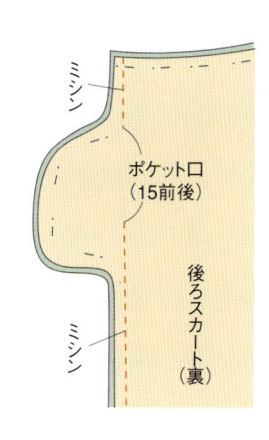

1 スカートを中表に合わせ、ポケット口を除いた上下の脇にミシンをかける。

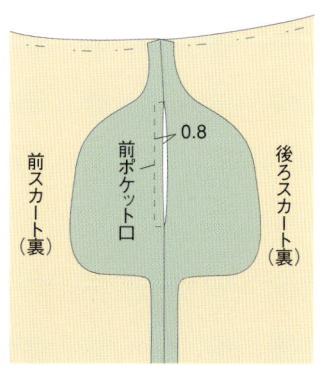

2 縫い目をアイロンで割り、表側から前ポケット口に0.8cmのミシンをかける。

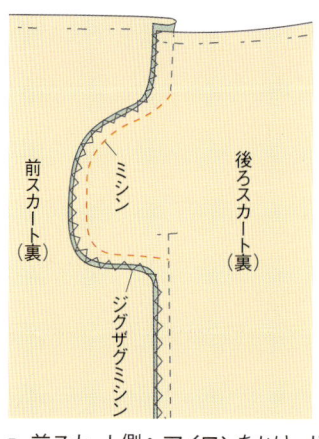

3 前スカート側へアイロンをかけ、ポケットの外回りにミシンをかける。裁ち目は2枚一緒に上から続けてジグザグミシンをかける。

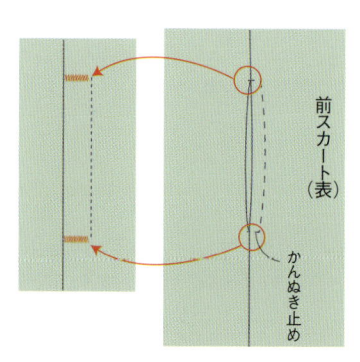

4 かんぬき止めを裏まで通してかける。ミシンで三度返し縫いをしてもよい。

Seam pocket

Let's enjoy Sewing

袋布を付ける方法

1 ポケットを裁断する

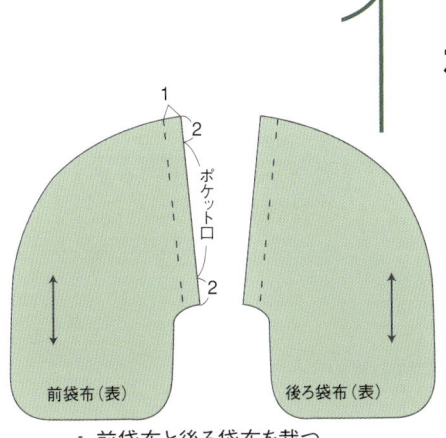

1. 前袋布と後ろ袋布を裁つ。
2. ポケット口にジグザグミシンをかける。 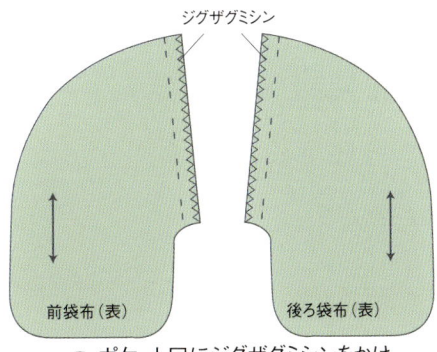
3. スカートの脇にジグザグミシンをかけ、前脇線の縫いしろに伸び止めの接着芯を貼る。 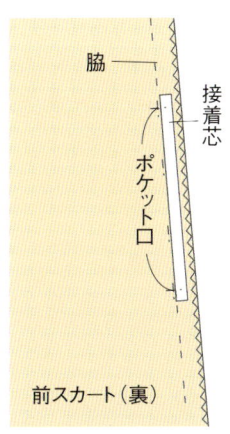

2 スカートに付ける

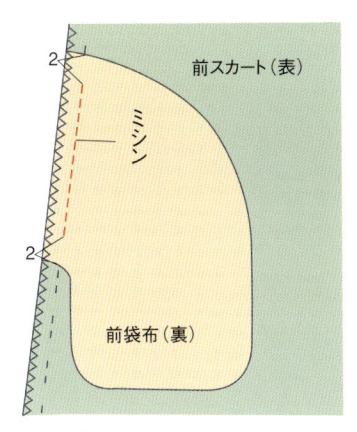

1. 前袋布を脇線の印に合わせ、上下の布端を2cm残して縫う。
2. 後ろ袋布も同様に脇線の印に合わせて縫う。

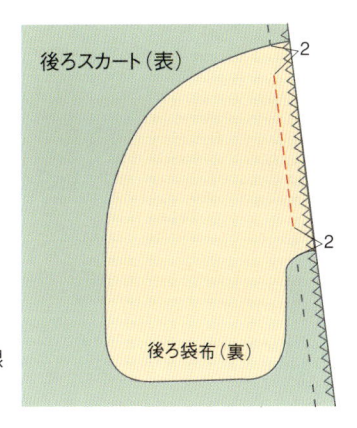

3 縫い合わせる

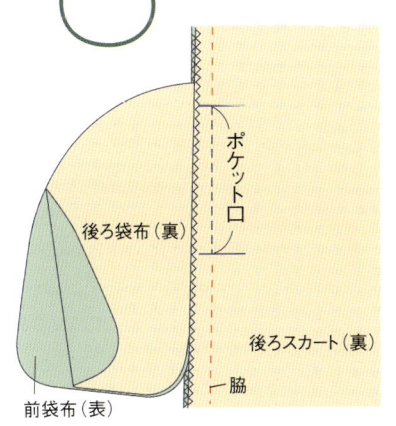

1. アイロンをかけて片側へ倒す。前・後ろスカートを中表に合わせ、ポケット口を残して上下の脇線を縫う。
2. 脇の縫いしろを割り、後ろ袋布を前スカート側へ倒す。前・後ろの袋布を重ねて2度縫いし、2枚一緒にジグザグミシンをかける。ポケット口の上下に、表からかんぬき止めをする。

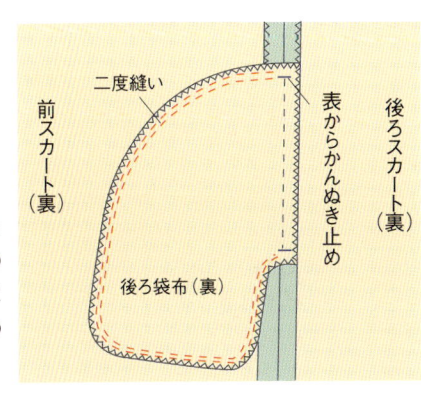

Part.2 Partial Sewing

Let's enjoy Sewing

ソーイングの用語とINDEX

本書で使われている用語を50音別に解説します。

あ

アームホール
前袖ぐりと後ろ袖ぐりを合わせ、ぐるりと一周した袖ぐりのこと。

合印
二枚以上の布を縫い合わせるとき、布がずれないように同じ位置に印を付けること。

あき
何かの目的で"あいた部分"のこと。衣服の着脱を楽にするためや、体の動きに合わせて作られる。袖のあきには、スラッシュあき【P.75】、裾のあきはベンツやスリット【P.84】など。

あき止まり
"あき"の止まり位置のこと。その位置を縫い終わりとし、それ以上は"あき部分"なので縫いません。

案内線
製図を拡大、縮小するとき、全体のバランスを保つために製図に入れる操作線のこと。

いせ
平面の布を、立体的にするための方法。袖山などに自然なふくらみをつけたりするときに使う方法。縫いしろ側を細かくぐし縫いをして糸を引き、アイロンで押さえながらふくらみを出します。本書ではセットインスリーブで【P.70】この技法を使っています。"いせる"、"いせ込み"ともいいます。

糸調子
ミシンの上糸と下糸のバランス【P.21】のこと。きれいに縫うためには糸調子を合わせることが大切です。

ウィンドカフス
袖口にゴムなどを入れてぴったりとさせ、風や水が入らないようになっているカフス【図・参照】。

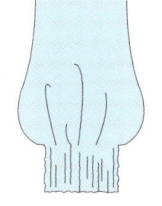

ウエスタンポケット
ジーンズによく見られるポケット【図・参照】。

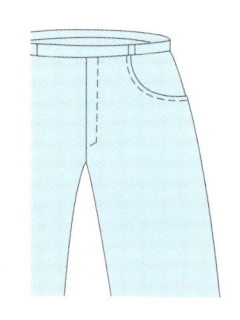

後ろあき
背面にある"あき"の総称。

後ろ中心
身頃、スカート等の真ん中。"後ろの中心"のこと。

後ろ身頃
肩線より後ろ側の身頃のこと。これに対し、肩線より前を"前身頃"という。

打ち合わせ
衣服の"あき"の重なるところ。おもに、左右の身頃の重なりをさすことが多い。"打ち合い"ともいう。

裏衿
着用したときに、見えない側の衿のこと。

衿腰
衿の折り返り部分より衿付け側が、首にそって立っている部分のこと。衿腰の寸法が多いと首にそった部分が高い衿になり、低いとフラットカラーのようになる。

衿先
衿の角の"とがっている部分"のことをいう。

衿付け線
衿を付ける線のこと。身頃の衿付け線と衿の衿付け線は同寸法にします。

衿付け止まり
"衿を付ける"止まりの位置のこと。

奥まつり
スカート、パンツなどの裾を折り返してとめるとき、表にひびきにくいまつり目のこと。【P.25】。

落としミシン
縫いしろを割り、縫い目の上に表からミシンをかけること【P.21】。

表衿
着用したときに、表から見える衿のこと。

折りしろ
袖口や裾など、布端を裏へ折り返した部分のこと【P.25】。

折り伏せ縫い
始末の方法のひとつ【P.24】。布端を包み込んで縫うので、直接肌に触れる下着や洗濯の激しいものに。

折山線
布を折ったときにできる折り目の線を示す位置。

か

返し縫い
縫いはじめと縫い終わりに用いる縫い方。縫い目がほつれないように、また丈夫にしておくためにしておくこと。ミシンでの返し縫い【P.20】と手縫いでの返し縫い【P.23】がある。

カフス
手首をおおう部分。袖口の総称。

柄合わせ
チェックや縞、大柄のプリント地を使って作るとき、でき上がった段階で柄がずれていないように、あらかじめ型紙を配置するときに合わせておく方法【P.42】。

かんぬき止め
ポケット口や袖口など、縫い止まりを補強しておくための技法【P.52】。

きものスリーブ
フレンチスリーブの長いもの。伸縮性のある布で作ると着やすい【図・参照】。

INDEX 92

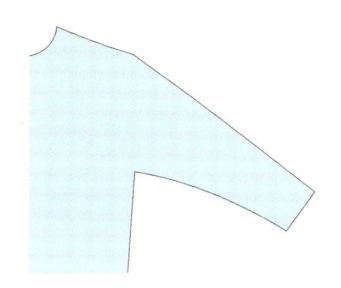

ギャザー
ぐし縫いまたは粗い目でミシンをかけて、糸を引いて寸法まで縮めます。ギャザースカートなどに【P.31】。

ぐし縫い
針先を細かく動かし、手縫いで縫う【P.23】。袖などを"いせる"ときに。

くるみボタン
表面を布でくるんだボタン【P.46】。

ゴムウエスト
ゴムを入れて作るウエスト【P.78】。

コンシールファスナー
閉めると縫い目のように見える専用のファスナー【P.55】。閉じたときに表側から見えないように付けます。

さ

採寸
着る人に合ったサイズの服を作るために寸法を測る。一般的には、下着の状態で自然に立ち、メジャーテープを使って測ることをいいます【P.33】。

サイドゴムウエスト
前後のウエストには芯を入れ、両サイドにゴムを入れたウエスト。ウエスト調節が自然にできてカジュアルで着やすい【図・参照】。

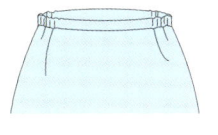

差し込み
型紙を布に配置するときに、布のムダがないように置くこと【P.41】。

シームポケット
シームとは"縫い目"や"切りかえ線"のこと。この縫い目を利用したポケットをシームポケットという【P.90】。

ジグザグミシン
縫いしろ、折りしろなど裁ち目がほつれないようにかがるミシンのこと【P.20】。一般的なミシンにはこの機能が付いています。

しつけ
正確に縫い合わせるために、本縫いの前に"仮に縫っておく"こと【P.22】。しつけ糸を用いて縫います。

しつけ糸
しつけ用の白い糸。色が付いている糸は「いろも」ともいいます。

実物大型紙
でき上がりと同じ大きさの型紙のこと。あらかじめ縫いしろが付いた型紙と、縫いしろが付いていないものがある。

地直し
裁断をする前に布地の歪みを直すこと【P.16】。"地のし"ともいいます。

地縫い
二枚の布を中表に合わせ、印通りに縫うこと。

地の目
布地の"たて糸""よこ糸"の織り目のこと【P.16】。

始末
縫いしろや折りしろ、裁ちめがほつれないように整えること。始末の方法は、用途や布によって異なる。

シャツスリーブ
袖山が低い直線的なゆるやかな袖【P.72】。

ショールカラー
衿腰があり、折り返っている衿の総称【P.60】。

ショルダーポイント
肩先の点。型紙などではSPと書かれていることが多い。

芯入りベルト付きウエスト
接着芯を貼ったり、縫いつけたベルトでウエストの始末をしたもの【P.80】。

芯地
補強のために表布の裏に付ける芯のこと。裏面に接着樹脂が付いたものを接着芯といい、アイロンで接着します。

スクエアネック
四角型にくられたライン【図・参照】。

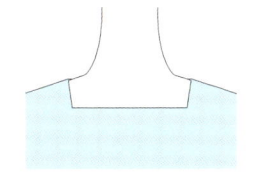

スタンドカラー
首にそうように立っている衿【P.64】。

スラッシュ
長い切り口、切れ目という意味。本書では袖口で紹介【P.75】。

スリット
切れ目のこと【P.84】。スカートの裾に入れて足さばきを良くしたり、シャツやジャケットの脇や中央に入れて動きやすくします。

背丈
首の後ろの付け根の骨からウエストまでの長さのこと。

セットインスリーブ
身頃と別に袖を作り、縫い付ける袖【P.70】。

袖ぐり
アームホールのこと。

袖下
袖ぐりの下部から、袖口までの寸法。

袖山
袖の山になった部分の高さ。袖山のカーブ部分のことを示すこともあります。

外表
2枚の布を重ねて裁断したり縫い合わせるとき、両方の布の表面が外側になるように合わせること。この逆を"中表"という。

た

ダーツ
立体的にする方法【P.30】。シルエットを着る人のサイズに合わせるために、布を裏からつまんで縫い、立体的にします。バストやウエストなど、さまざまな名称のダーツがあります。

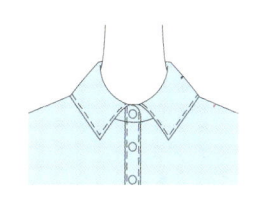

台衿付きシャツカラー
台衿とはシャツの衿の下部分。上部分を上衿といい、この2つの部分からできている衿。台衿を付けることで、立ち上がりのある衿になります。ワイシャツなどに使われている衿【図・参照】。

裁ち目
裁断した布の端。

裁つ
布を裁断すること。

タック
立体的にする方法で、ひだ、つまみのこと

【P.31】。ゆとりを作るためや、装飾に。細い物はピンタックといいます。

たて地
布地が織られている糸の方向【P.14】。

縦まつり
袖口や袖ぐりなど、摩擦の多い部分を縫いとめつける方法【P.25】。

玉止め
縫い終わりの糸をほどけないように結ぶ方法【P.23】。針を縫い終わり位置に固定して、針先に糸を数回巻き付けてから、針を引きます。

玉縁
布端をバイアステープでくるむ方法。"パイピング"ともいう。

玉縁ポケット
ポケットの口を共布の玉縁(パイピング)で仕上げたもの【図・参照】。

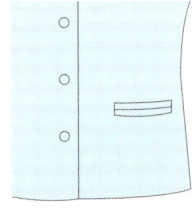

玉結び
手縫いの縫いはじめの前に糸の端を止める方法【P.22】。

力布
補強したい部分の裏に付ける布。本書ではポケット口の補強で紹介【P.89】。

千鳥がけ
糸を斜に交差させて止めるかがり方【P.25】。見返しなどを縫いしろにとめつけたり、折りしろの始末に。

ツーピーススリーブ
二枚裁ちの袖で、やや硬い感じのスーツに多い袖。腕の自然な曲がりに沿わせるために二枚で構成されている【図・参照】。

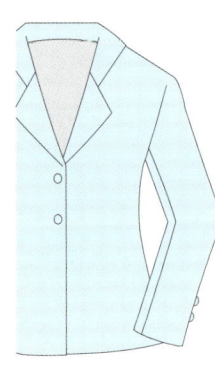

テーラーカラー
紳士物のジャケットに多い衿【P.62】。

でき上がり線
作品のでき上がり位置の線。

等分線
寸法が同じことを示す線【P.35】。

共布
柄や素材が同じ布。一般的に共布でバイアステープを作ったり、くるみボタンを作るときには服地の余り布のことをいう。

トリムウエスト
ウエストの始末をバイアステープやブレードリボンで整えたもの。芯を入れても伸びやすいのが難点【図・参照】。

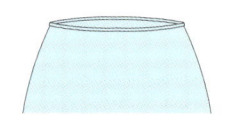

ドルマンスリーブ
袖ぐりがたっぷりし、袖口が細い袖。ゆったりとしていて着やすい【図・参照】。

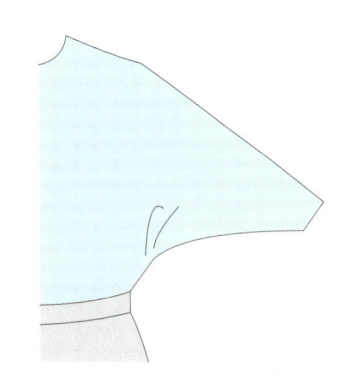

な

中表
2枚の布を重ねて裁断したり縫い合わせるとき、両方の布の表面が中側になるように合わせること。この逆を"外表"という。

なで毛
毛足のある布地の毛の流れを"下向き"にして使う方法。逆に使う方法は"逆毛"という【P.41】。

ニーライン
ひざ線のこと。型紙などではKLと書かれていることが多い。

二度縫い
着用時に力のかかる部分などを丈夫にしておくために、その部分のみ重ねてもう一度縫うこと。

縫いしろ
布を縫い合わせるときの、縫い目から布端までの部分のこと。

縫い目
縫ったときの針目。ミシンで縫う場合は"ミシン目"という。

布目線
型紙の中に書いてある、布地の縦方向を示す線。

ノースリーブ
袖がないものの総称【P.68】。

ノーベルト
ベルトをつけずに見返しで始末したウエスト【P.82】。

は

バイアス
布目に対して斜めに使う。45度を正バイアスという。パイピングなどに使用。伸びやすいのが特徴。

バイアステープ
布目に対し45度で裁断し、テープ状にしたもの【P.28】。

ハイウエスト
自然なウエストラインよりも高い位置にあるウエスト。見返しで始末します【図・参照】。

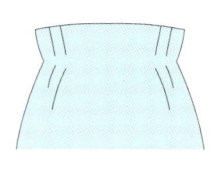

ハイネック
身頃が上に伸びたネックライン。セーター等に使われることが多い【図・参照】。

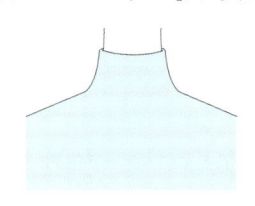

パイピング
バイアステープなどで挟んで、縁の装飾に使います。はじめからのりで挟んであるものが市販されています。

箱ポケット
ポケット口に箱型の飾り口をつけたもの。ジャケット等に使われる【図・参照】。

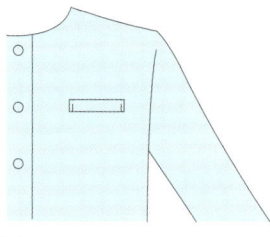

端ミシン
縫いしろの折から0.2cmくらいの所をミシンで縫うこと。縫いしろを固定させたり、補強するときに【P.21】。

バストライン
胸囲線のこと。型紙などではBLと書かれていることが多い。

パッチポケット
貼り付けるタイプのポケット【P.88】。

ヒップライン
腰囲線のこと。型紙などではHLと書かれていることが多い。

Vネック
V字型の衿あき【図・参照】。

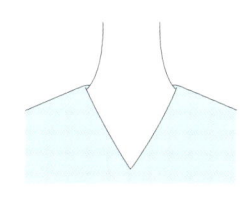

袋布
ポケットなどで使われる、表布の裏にある"物を入れる"部分。

フラットカラー
衿腰が低く、衿ぐりに沿った衿の総称。ピーターパンカラー、セーラーカラーなどもこの仲間【図・参照】。

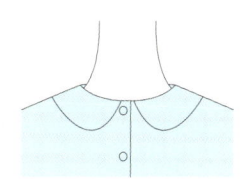

フラップポケット
フラップ(雨ぶた)付きのポケット。ジャケット等に使われる【図・参照】。

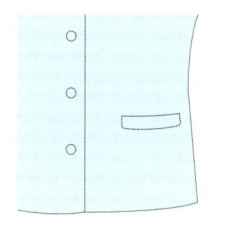

フレンチスリーブ
袖付けがなく、身頃から裁ち出した袖のこと【図・参照】。

ベンツ
持ち出しが付いたスリット。スカートの後ろ裾や、紳士物のジャケットの後ろに【P.85】。

ボートネック
横に広くくりがあり、"船底型"の衿【図・参照】。

ボタンホール
ボタンを通す穴【P.48】。

ま

前身頃
肩線より前側の身頃のこと。これに対し、肩線より後ろを"後ろ身頃"という。

見返し
身頃の衿ぐりや袖ぐり、ウエストなど、衣服の縁の裏側に付ける布。一般的には服地と共布を使います。

見返し線
型紙の上で、衿ぐり、袖ぐり、前端の裏に付ける布(見返し)の位置を示す線のこと。

身頃
袖や衿とは区別し、上半身をおおう部分のことを"身頃"という。身頃には肩線より前の"前身頃"、肩線より後ろの"後ろ身頃"がある。

三つ折りミシン
布地のほつれをふせぐために、布端を折り始末する方法【P.25】。

耳
布地の両端のこと【P.14】。

持ち出し
ファスナーあきや、ベンツなどに使う表地と重複した部分。下着にファスナーが当たらないようにしたり、スリットが開いた時に下が見えないようにします。

や

ゆき丈
首後ろの付け根から手首までの寸法。首の付け根から肩を通って、ひじ、手首までの長さです。

Uネック
U字型の衿あき【図・参照】。

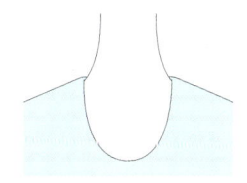

ヨークウエスト
ウエスト部分にヨークを付けたもの。ヨークの下部にギャザーやプリーツを入れて運動量を増しながら、ウエスト周辺はフィットさせることができる【図・参照】。

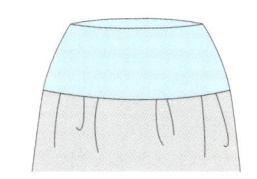

よこ地
布地が織られている横糸の方向【P.14】。

ら

ラウンドネック
丸衿の総称【P.58】。

ラグランスリーブ
衿ぐりから袖下へかけて切り替えた袖。ショルダーポイントがないので着やすく、カジュアルなTシャツなどに利用される【図・参照】。

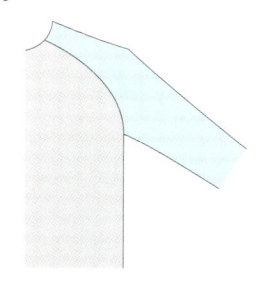

ラップウエスト
ウエストに巻き付け、ベルトやピンで止めるもの。ノーベルトタイプが多い【図・参照】。

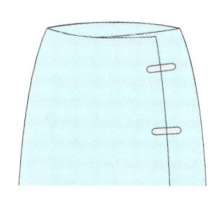

ループ
ボタンホールの代わりなどに使う輪のこと。本書では布で作るループを紹介【P.53】。

ロックミシン
布の端をかがる専用ミシン。端を切りながら縫う機能があります。

わ

わ
布を二つ折りしたときの折り目部分。型紙の線が"わ"になっているときは、折った布の折り目に型紙の線を合わせます。

脇線
身頃やスカート等の脇の縫い線のこと。

割る
縫い合わせた縫いしろを左右に開くこと。開いた状態でしっかりとアイロンをかけます。

栗田佐穂子

登戸ドレスメーカー学院副院長。高齢者や障害者のための着やすい服「糸の詩」を主宰。著書に「簡単・便利な介護服」「おしゃれな介護服」「おしゃれで着やすい介護服」(共にブティック社)、「からだにやさしい手作り服」(NHK出版)がある。

●この本でご協力いただいた会社(50音順)

●用具
クロバー(株)
大阪府大阪市東成区中道3-15-5
TEL.06-6978-2277

●糸
(株)フジックス
京都府京都市北区平野宮本町5番地
TEL.075-463-8111

●ミシン
ブラザー工業(株)
愛知県名古屋市瑞穂区苗代15-1
TEL.052-824-3125 (お客さま相談室)

●布【作品/P.62、64、68、72、74、78、80、82、84、88、90】
(株)ホビーラホビーレ
東京都品川区東大井5-23-37
TEL.03-3472-1104

●Staff
撮影・秋枝俊彦
スタイリスト・伊藤りか
ブックデザイン・LITHON
作品制作協力・大島昌代　太田美穂子　奥家沙智
　　　　　　栗田菜穂子　末田靖子　塚本めぐみ
　　　　　　寺門みを　持田豊子　山口曜子
イラスト・田村則子【P.1〜P.65、P.92〜P.95】
　　　　大野宏子【P.33】
　　　　小崎珠美【P.67〜P.91】
企画・編集・E&Gクリエイツ(担当・長岡理恵)

いちばんわかりやすい ソーイングの基礎BOOK

著　者　栗田　佐穂子
　　　　　(くりた　さほこ)
発行者　深見　悦司
印刷所　株式会社東京印書館

発行所
成美堂出版

〒162-8445 東京都新宿区新小川町1-7
電話(03)5206-8151 FAX(03)5206-8159

©Kurita Sahoko 2004
PRINTED IN JAPAN
ISBN4-415-02506-4

落丁・乱丁などの不良本はお取り替えします
●定価はカバーに表示してあります